建築設計テキスト
集合住宅

建築設計テキスト編集委員会編

彰国社

建築設計テキスト編集委員（50音順）
大河内学（明治大学）
郷田桃代（東京電機大学）
鈴木弘樹（千葉大学）
鈴木雅之（千葉大学）＊
高柳英明（東京都市大学）＊
積田　洋（元東京電機大学）
福井　通
山家京子（神奈川大学）

＊印は「集合住宅」担当編集委員
執筆分担
1・3章　鈴木雅之
2・4章　高柳英明

装丁・本文デザイン　伊原智子

まえがき

　建築学や関連分野の専門知識を学ぶ大学や工業高等専門学校、工業高校では、設計製図は基幹科目としてカリキュラムの中で多くの時間を当てている。建築計画や建築構造、建築設備などの講義科目での知識を総じて、一つの建築としてまとめあげる設計製図の実習は、建築の専門家としての技術を習得するうえで極めて大切なものである。

　建築の設計は、用途や機能のみならず時代を映す社会的な要請や条件、さらにはデザインを網羅的にとらえて、人間の豊かな生活の空間を提供するように構想して、計画されるものである。設計製図のカリキュラムでは、まず設計図の描き方を学び、各種のビルディングタイプの設計課題を行うように組まれている。多くの学校で設計製図課題となっている「集合住宅」「住宅」「事務所」「商業施設」の設計製図の実習に資する教科書として編まれたものが、本シリーズである。

　その中でも、本書で取り上げた「集合住宅」は様々な情報誌に毎月のように取り上げられ、学生が身近に感じられる設計課題となっている。「集合住宅」はそのものについて深く探求して、建築計画、構造計画、設備計画等の知識を総動員して設計・計画することで、いまの画一的な集合住宅にはない新しいモデルをつくりだす可能性を秘めている。"住みたいと思う集合住宅をつくること"は社会的な要請であるし、ぜひこの機会に新しいモデルと建築の形づくりに挑戦してほしいと思う。

　このような視点から、本書の特徴としては、まず、集合住宅のあり方について深く考え、新しいモデルをみつけられるようにするために誌面の多くを割いている。手っ取り早く設計・計画をまとめられた本にはなっていないかも知れないが、ここで深く考えることを訓練することが、新しい建築を生み出す礎になると信じている。

　そして、設計・計画については、実際の設計で行われる一連のフローにそって、企画、建築計画やデザイン、構造計画、設備計画が、計画の初段階から、相互に関連して検討されていくことを理解できるようにしている。とかく設計課題の取組みでは、建築計画やデザイン、構造計画、設備計画がそれぞれ別のものとして考えられている状況が見られる。建築計画、デザイン、構造、設備を同時に考えながら設計・計画を進めることを大事にする本書の意図を理解いただければ大変うれしい。

　本書の構成であるが、1章では供給者、分譲と賃貸、郊外と都市部、居住者や住まい方、地域性、密度などによって様々な集合住宅のかたちがあることを示しながら、これからの集合住宅がどうあるべきかについて深く考えるための解説をしている。2章では企画からはじまり、設計・計画の基本的な計画、各部の設計、デザインの考え方、構造計画、安全計画、設備計画などについて、豊富な事例を用いながら、12の手法として解説している。3章では集合住宅の実例を、市街地、復興、高密度、地域性、再生、コンバージョン、建替えなどのテーマごとに8例を選んだ。4章では具体的な設計例として平面図・立面図・断面図などの一般図と構造・設備図、詳細図を実際の図面に近い形で掲載した。また、最近話題となっている集合住宅に関する解説をコラムとして取り上げている。

　本書によって、ぜひ"住みたいと思う"新しい集合住宅のモデルと建築の形をつくり出してほしい。最後になりますが、本書の編集にあたって貴重な資料を提供していただいたみなさまに厚くお礼申し上げたい。

2008年5月

建築設計テキスト編集委員会　鈴木雅之

目 次

まえがき ———————————————— 3

1 概 要 ———————————————— 5

1.1 集合住宅について考える ———————— 6
1.2 供給者の違いから考える ———————— 7
1.3 分譲と賃貸の違いから考える ——————— 9
1.4 郊外と都市部の違いから考える —————— 10
1.5 居住者像と住まい方から考える —————— 11
1.6 サスティナブル集合住宅 ———————— 13
1.7 地域性をもつ集合住宅を考える —————— 15
1.8 欧米の話題の集合住宅づくり —————— 16
1.9 集合住宅の形態を知る ————————— 18
1.10 集合住宅の規模と密度を知る —————— 20

2 設計・計画 ———————————————— 23

2.1 「手法」をイメージする ————————— 24
2.2 「企画」を立てる ——————————— 25
2.3 「規模」をデザインする ————————— 27
2.4 「配置」をデザインする ————————— 29
2.5 「住棟」をデザインする ————————— 31
2.6 「住戸」をデザインする ————————— 33
2.7 「屋内の共用空間」をデザインする ————— 36
2.8 「屋外の共用空間」をデザインする ————— 38
2.9 「景観」をデザインする ————————— 40
2.10 「複合」をデザインする ————————— 41
2.11 「構造」をデザインする ————————— 41
2.12 「安全」をデザインする ————————— 43
2.13 「設備」をデザインする ————————— 44

3 設計事例 ———————————————— 47

1. 上高田の集合住宅/SQUARES
　　/谷内田章夫/ワークショップ ——————— 48
2. 東尻池コート/真野・東尻池町7丁目立江地区
　　共同建替支援設計集団 ————————— 50
3. 東雲キャナルコートCODAN1街区
　　/山本理顕設計工場 —————————— 52
4. 川口交差住居/アーキテクチャー。ラボ ——— 54
5. 北野 洛邑館/吉村篤一+建築環境研究所 —— 56
6. 幕張ベイタウン パティオス5番街
　　/日建設計、日建ハウジング、
　　KANDA ASSOCIATES ARCHITECTS ———— 58
7. c-MA1/IKDS ———————————— 60
8. アトラス江戸川アパートメント
　　/NEXT ARCHITECT & ASSOCIATES ——— 62

4 設計図面 ———————————————— 65

アパートメントライフ LiF
　　/鈴木恂+AMS/内木博喜、高柳英明 ——— 66

【コラム】

集合住宅の呼び方 ———————————— 7
子育て支援マンション ——————————— 13
欧米の集合住宅の原型 —————————— 17
"森山邸"を真似る場合には ————————— 19
賃貸集合住宅とレンタブル比 ———————— 37

1 概　要

1 概　要

1.1 集合住宅について考える

　集合住宅とは一つの建物の中に複数の住戸がある住宅をいう。住戸を積層させる建物形式は、土地を有効に使うため、都市に住まうための住宅形式であるといえよう。

❶「集まって住む」をカタチにする

　戸建て住宅は1世帯、あるいは親世帯と子世帯の2世帯で暮らすものであるが、集合住宅は複数の世帯が「集まって住む」ことに最大の特徴がある。その特徴によって得られるメリットは何かを考え、それを最大限に生かし、デメリットを和らげる計画やデザインが集合住宅には求められる。

　戸建て住宅は個人の資産となるが、集合住宅は複数の所有者が集まって区分所有しているため、世帯全体の共通の資産となる。そう考えると集合住宅では、居住者に共通のベネフィット（利益）が得られるような計画やデザインがなされるべきである。

❷ 集合住宅 VS 戸建て住宅

　集合住宅の特徴とは何かを戸建て住宅との比較を通じてみていきたい。

　戸建て住宅と集合住宅との共通点は、なんといっても「棲み処」であることである。しかし、人が育ってきた環境はそれぞれ違うので、「棲み処」に求めるものも、それぞれの考え方で違ってくるかもしれない。ただ、安全・安心で、くつろげる棲み処であることは、重要な条件となるだろう。

　次に異なる点をみてみたい。戸建て住宅は、一軒一軒、それぞれの土地に建っているため独立性をもつが、集合住宅は、住戸が上下左右に連続し、住戸ごとの独立性が少ない。そのため、音の問題やプライバシーの問題が生じやすいという特徴をもっている。

　戸建て住宅は大地の上に直接建っているため、接地性が高く、自然や街との連続性が図りやすい。集合住宅では、1階の住戸は戸建て住宅と同様に接地性をもたせることができるが、上階の住戸は無理である。上階の住戸は、むしろ眺望という利点を生かしやすくなる。

　計画設計的には、集合住宅のほうが制限を受けやすい。戸建て住宅は個別の敷地の中で、平面的にも高さ的にも比較的自由度が高い。一方、集合住宅では全体計画の中で調整しながらの設計となるので、設計の自由度は低くなる。

　戸建て住宅の特徴やメリットを集合住宅に取り入れることは、これまであまり考えられてこなかったが、これからは積極的に考えていく必要がある。

❸ 街の一部であることを考える

　集合住宅の住戸数は、数戸から数百戸という大規模なものまで様々である。最近では、1,000戸を超える超巨大なものも現れている。そうすると、集合住宅のボリュームは自ずと大きくなり、それは、都市や地域に対して集合住宅が及ぼす負荷や影響が大きくなることを意味する。交通量の増加などのインフラへの負荷や、周辺への日影や景観などへの影響である。集合住宅はその大きさゆえに、街の一部を構成する大きな要素となるので、街との関係をもっと大事に考えていく必要がある（表1.1）。

表1.1　集合住宅と戸建て住宅の特徴の比較

比較項目＼住宅形式	集合住宅	戸建て住宅
形		
世帯数	複数の世帯（1,000世帯を超えるものもある）	1世帯（あるいは親子の2世帯）
資産	区分所有による共有の資産	個人の資産
独立性	独立性少ない	独立性ある
接地性	接地性は1階のみ（上階は眺望性や空との近さがある）	接地性ある（自然や街との繋がりをつくりやすい）
設計の自由度	設計の自由度が低い	設計の自由度が高い
街への影響	街に対する影響が大きい	街に対する影響はあるが、比較的小さい

【コラム】
集合住宅の呼び方

「集合住宅」という呼び方は、最近様々な一般雑誌でも取り上げられるようになり、裾野が広がって、違和感がなくなってきている。だが、マンション、アパート、共同住宅、ハウジングなど似たような呼び方もあり、ここでは、何が違うかをみていきたい。

まず「マンション」であるが、これは不動産業界の呼び方で、分譲、賃貸に限らず、鉄筋コンクリート（RC）造の集合住宅をいう、最も一般的に用いられている呼び方だろう。町中の不動産業者の店先や住宅情報誌で用いられているのをよく目にする。「アパート」は同じく不動産業界の用法で、木造の賃貸集合住宅を呼ぶ。同じような言葉に「アパートメント」があるが、これは時代を遡り関東大震災後に、住宅の復興を行った同潤会が設計・供給した集合住宅の呼称として用いられた。

「共同住宅」は建築基準法や行政で用いられる呼び方である。「ハウジング」は、住宅経済や住宅産業界において集合住宅全般を指して用いる呼び方である。

英語では Housing と呼んでいる。日本で使われるマンション（Mansion）は、英語圏では「大邸宅」という意味なので、海外では用いないほうがよい。

C1 集合住宅を特集した一般雑誌の表紙

C2 不動産業界での使われ方
店舗にはマンションとアパートの文字がみられる。

C3 同潤会江戸川アパートメント
同潤会によって建設された江戸川アパートメント。建て替えられて現存していない（建替え後の事例は、p62を参照）。

1.2 供給者の違いから考える

集合住宅を供給する主体には、公共セクター、民間セクターがあり、そのほかに、コーポラティブがある。

公共セクターには、公営住宅を供給する都道府県、市町村、住宅供給公社と都市再生機構（旧住宅・都市整備公団、旧日本住宅公団）がある。一方、民間セクターには、デベロッパー（開発業者）や、一般の地主がいる。現在の集合住宅の供給は、公共セクターによる供給がその役割を終え、ほとんどが、民間セクターによるものに移ってきている。

❶ 公共セクターによる集合住宅の特徴

公共セクターは、戦後の住宅難の時代に、大都市郊外にニュータウンや団地の建設を進め、戦後の住宅供給を牽引してきた。多くが賃貸住宅であり、収益性を過度に追求しなくてもよいという特殊な事情も手伝って、様々な革新的な住宅の工夫を生み出してきた。それらの多くが現在の集合住宅の計画的な内容に少なからず影響を与えている（図1.1）。

現在では、住宅戸数を世帯数が超えて、公共セクターによる住宅供給の役割は終わった、といわれるようになった。また、公共団体の財政難や規制緩和・民間開放の波から、公共セクターによる集合住宅の供給は、団地の建替えや都市の再開発を除いて、なくなってきている（図1.2）。

❷ 民間セクターによる集合住宅の特徴

民間セクターは、戦後のマンションブームを幾度となくつくり上げ、一般大衆に手の届くところに集合住宅を提供してきた。しかし、民間セクターは過剰な事業性・収益性を重視する性質に左右されがちであり、その結果、バブル期には、1億円を超すような急激なマンション価格の高騰を引き起こしたり、昨今においては耐震偽装マンション問題を引き起こす原因の一つになるなどした（図1.3）。

事業性や収益性が第一義でありがちなため、民間セクターでは、集合住宅の新たなモデルは生まれにくいといわれている。住棟のボリュームは大規模になり、間取りや住棟の形は、万人受けする画一化した設計が繰り返されてしまう（図 1.4）。

❸ コーポラティブによる集合住宅の特徴

コーポラティブは、自らで居住しようとする複数の人が建設組合を結成し、土地取得、住棟の設計・工事の発注、完成後の管理を行っていくものである。日本では 30 年ほど前から出てきているが、まだ十分に普及しているとはいえない。海外では一般的な供給事業の一つとなっている（図 1.5）。

最近では、コーポラティブ事業で難しいとされる入居者間の利害関係の調整や合意形成のコーディネートや設計・工事監理を受託し、個性ある住まいづくりをサポートする会社も出てきている。

図 1.1　住宅・都市整備公団（現都市再生機構）による住宅計画の革新
ベルコリーヌ南大沢
マスターアーキテクトと呼ばれる方式で街並みの統一を図った中庭型集合住宅の住宅地（多摩ニュータウン）。

図 1.4　日本的なマンションの形
南面する住戸を最大限確保するため、敷地南側の最も日照条件のよい場所に住戸を、敷地北側に駐車場を置くL字型住棟配置。住棟の南側には連続バルコニー、北側には住戸へアクセスする開放廊下がみられる。

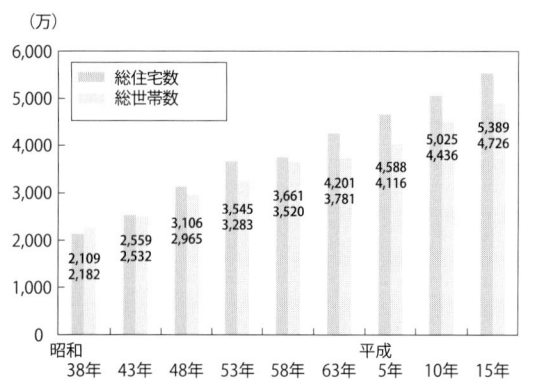

図 1.2　総住宅数と総世帯数の変遷（平成 15 年度住宅・土地統計調査）
住宅ストックの総数は 5,389 万戸、総世帯数は 4,726 万世帯で、663 万戸の住宅が余っていることになる。

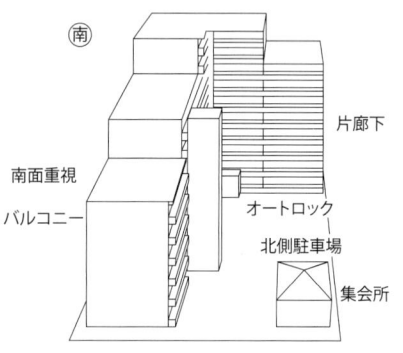

フリープラン賃貸
公団の賃貸住宅でありながら、内装・設備は居住者が計画、管理できた。

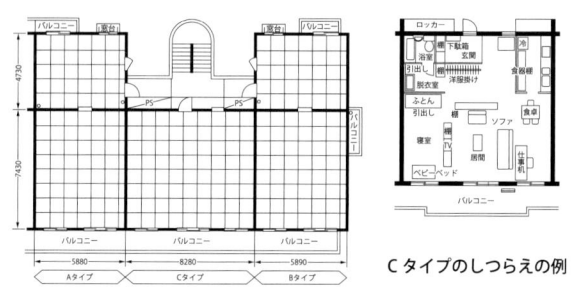

Cタイプのしつらえの例

図 1.3　マンションの供給戸数の推移
マンションの供給には幾度かのピーク（マンションブーム）がある。

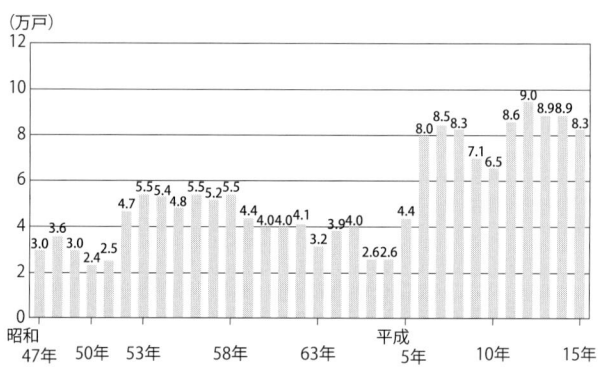

図 1.5　コーポラティブ事業の仕組み
図は、コーポラティブ事業の原型を説明したもの。近年では、①〜④のコーディネート、サポートを請け負う事業社が出てきている。

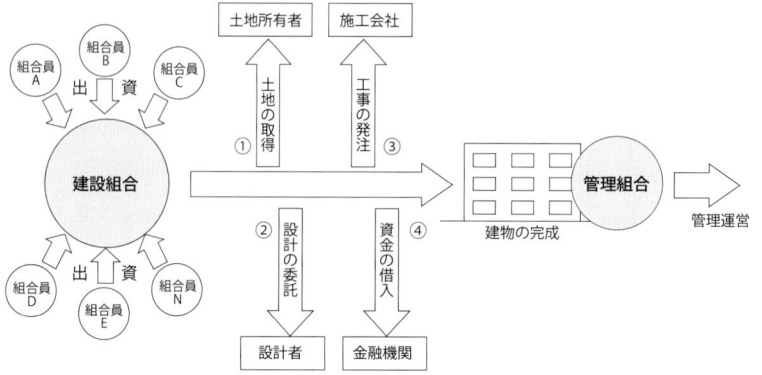

1.3 分譲と賃貸の違いから考える

集合住宅の所有形式には大きく「分譲」と「賃貸」がある。供給主体には公共セクターと民間セクターがあるので、公共による分譲と賃貸、民間による分譲と賃貸がある。ただし、現在では公共による分譲集合住宅の供給はなされていない。

分譲と賃貸の大きな違いは、自ら所有し資産となる住宅＝「分譲」か、家賃を払って借りて住む住宅＝「賃貸」かであるが、その計画や住み方の違いについて、みていきたい。

❶ 分譲集合住宅の特徴

分譲集合住宅は所有しているので、資産価値となることが求められる。分譲集合住宅の資産価値は、立地のよさ、管理がしっかりしているか、転売しやすい標準性があるかどうかが重視される傾向にある。計画内容がいかに優れていようが、過小評価されている現状がある。

そのため、優れた計画要素やデザインであっても、標準性や普及性をもっていないため評価されにくく、住宅市場からは敬遠されてしまう。また、ある特定の世帯像やライフスタイルにしか対応できないような間取りも、同じく敬遠される。

つまり、無難な計画や間取りが普及するのである。間取りは、無難な3LDKが普及することになる。3LDKを買っておけばよい、それが人並みとユーザーが思い、一方デベロッパーも3LDKが売れるので、3LDKを供給しておけばよいとなる。新たにマンションを買うユーザーは世の中に3LDKしかないので、そういうものかと買ってしまう、という悪循環が生まれる結果となってしまっている（図1.6～1.7）。

❷ 賃貸集合住宅の特徴

デザイナーズ・マンションという言葉をよく耳にするようになってきた。それは、賃貸集合住宅の市場で多く供給されている。

一昔前までは、賃貸集合住宅は「仮住まい」で長く住むものではないというレッテルを張られていたが、一生賃貸派という需要が少なからずあることや、建築家によるスタイルのある集合住宅が紹介されるにつれ、脚光を浴びるようになっている。

それでは、なぜ賃貸集合住宅でこのような現象が起きるのであろうか。賃貸住宅は所有していないので、住まい手は気に入らなければ出ていきやすい。事業者や大家のほうも、入居者の入替えがしやすく、また一人でも入居者がいればいいので、設計やデザインの冒険をしてもよいのである。だから、周辺の賃貸市場よりも比較的高めに賃貸料を設定できるデザイナーズ・マンションを供給する事業者や大家も出てくるのである。

ただ、デザイナーズ・マンションは、そのネーミングによって市場の一般的な物件との差別化を狙っているにすぎないという見方もある。デザイナーズといっても、計画やデザイン的には、それほど優れたものが多いわけではない。本物のデザイナーズ・マンションとは、優れたデザイナー（建築家）が、一般的な解決法では事業化が難しい敷地や与条件で、優れた計画技術とデザインマインドによって生み出した集合住宅である。

しかし、すでに世の中では「建築家が設計したオシャレな集合住宅」という概念が定着してしまっているので、その価値が何であるかは、自らが考えていく必要がある。

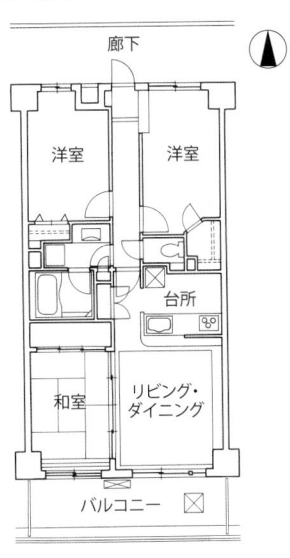

図1.6 標準的な3LDKの間取り
北側に玄関と二つの個室、廊下を通り南面するLDKと和室の続き間、中間部に水まわりを置く3LDKが一般的。

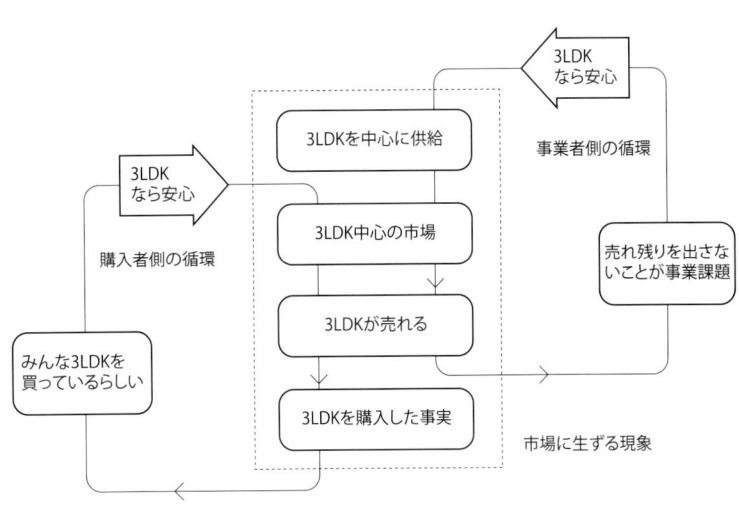

図1.7 3LDKの供給が繰り返されるメカニズム

1.4 郊外と都市部の違いから考える

人口は2006年をピークとして減少を始めた。すでに、日本の住宅戸数は世帯数を上回り、住宅は余っている状態である(図1.8)。しかし、都市部ではまだまだ集合住宅の供給が進んでいる。

その一方で、郊外において過去に建設・供給された多くの集合住宅のストックは、老朽化が進み、物理的、社会的に陳腐化してきている。

このような背景があり、これからの集合住宅の計画は、郊外と都市部では異なる動きをみせることになるだろう(図1.9)。

❶ 郊外の集合住宅の再生

郊外の集合住宅の代表は、ニュータウンや団地である。現在、公共セクターによる新しい住宅供給は行われていない。

郊外では、戦後の都市部への人口流入を受け入れるために、ニュータウンや団地の計画が進められた。そこでは、欧米の団地の住宅配置の影響を受け、各住戸が均等に南面するように板状住棟を平行に配置する、画一的で単調な住宅地が形成されていった。

そのニュータウンや団地は、老朽化し始めており、高齢化、空家化、人口減少が進み、建替えや再生の段階に入っている。建替え時期を迎えたそれらの住宅は、従前の住環境を壊しながら、高密化する建替えが進んでいる。

❷ 都市部の集合住宅の動き

都市内の集合住宅で、現在活気があるのは、臨海部や工場跡地などにおける超高層マンション建設と、更新時期を迎えた既成市街地や密集市街地における大規模マンション開発である。

近年、地価の下落や都心回帰も相まって、都市内の超高層マンションや大規模マンション開発はユーザーに受け入れられている。しかし、急激なマンションの都市部への集中は、小学校の不足やインフラへの過度な負担増などの問題を引き起こしている。

都市部では土地が少ないため、集まって住むことが求められる。大規模になりがちなそこでの集合住宅の設計は、敷地内の住棟だけでなく、周辺環境との関係性などがどうあるべきかを掘り下げて考えていく必要がある。

①超高層マンション

超高層マンションが花盛りである。こんなにも多くの超高層マンションが林立していいのだろうか。超高層マンションでは、子供の成長に影響があるとか、災害時の避難に不備があるとか、様々な問題が提起されているが、それは、購入するユーザーの自己責任の問題にできるともいえる。しかし、超高層マンションが林立することによって生じる景観・環境破壊やインフラへの影響などは、周辺住民だけでなく都市住民すべてが被害者になるので、様々な問題をもっと深く考えて計画と設計を進めていくべきである(図1.10)。

②既成市街地の大規模マンション

郊外には南面重視の結果平行配置のスタイルがあったが、その南面重視の精神は都市の集合住宅にも引き継がれ、L字型の配置となる。L字型の配置は、南面する住戸を最も多く確保できるようにするため、敷地の南側の最も日照条件のよい場所で容積(住戸数)を稼ぐ配置である。

ユーザーにも日照重視の精神が深く浸透しており、デベロッパーも、日照条件の悪い住宅は売りにくいとの判断から南面を重視した計画を繰り返す。その結果、ユーザーサイドもそれが都心の住宅の姿であるとして求めていくことが繰り返されるという、残念な循環のメカニズムがある。L字型の配置は、街の景観が考えられていな

図1.8 日本の人口と世帯数の推移

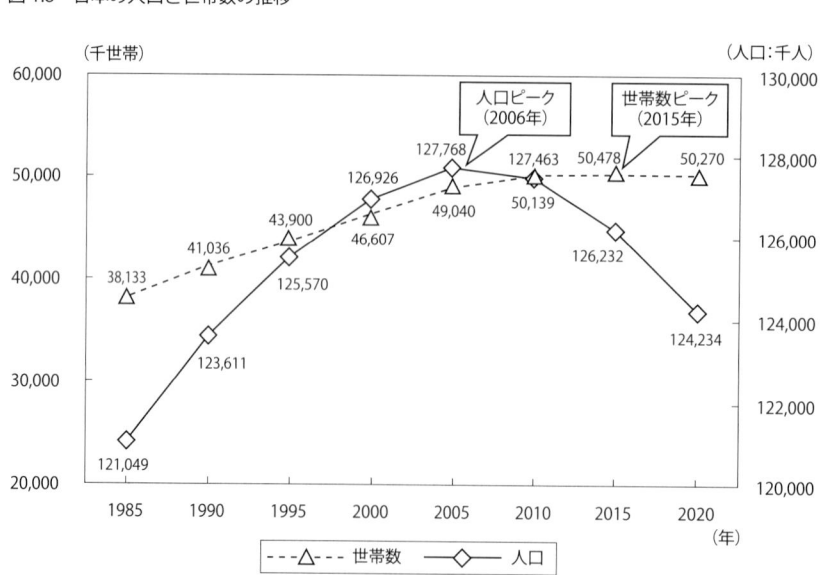

い配置であることを覚えておいてほしい。
③集合住宅の再生（建替え）
　築20～30年経ったマンションは、フロー（新規供給）を重視した大量供給が背景にあり、長く使い続けるという発想はあまりもたれていなかった。現在、これらのマンションの再生の時期に来ていて、建替えか、改修によるグレードアップかが選択される。
　デザイン的な要素が付加されたデザインリノベーションの動きも活発になっており、古いというマイナス価値に、デザインというプラス価値を植え付けて、生まれ変わっている住まいの姿がそこにある（図1.11）。

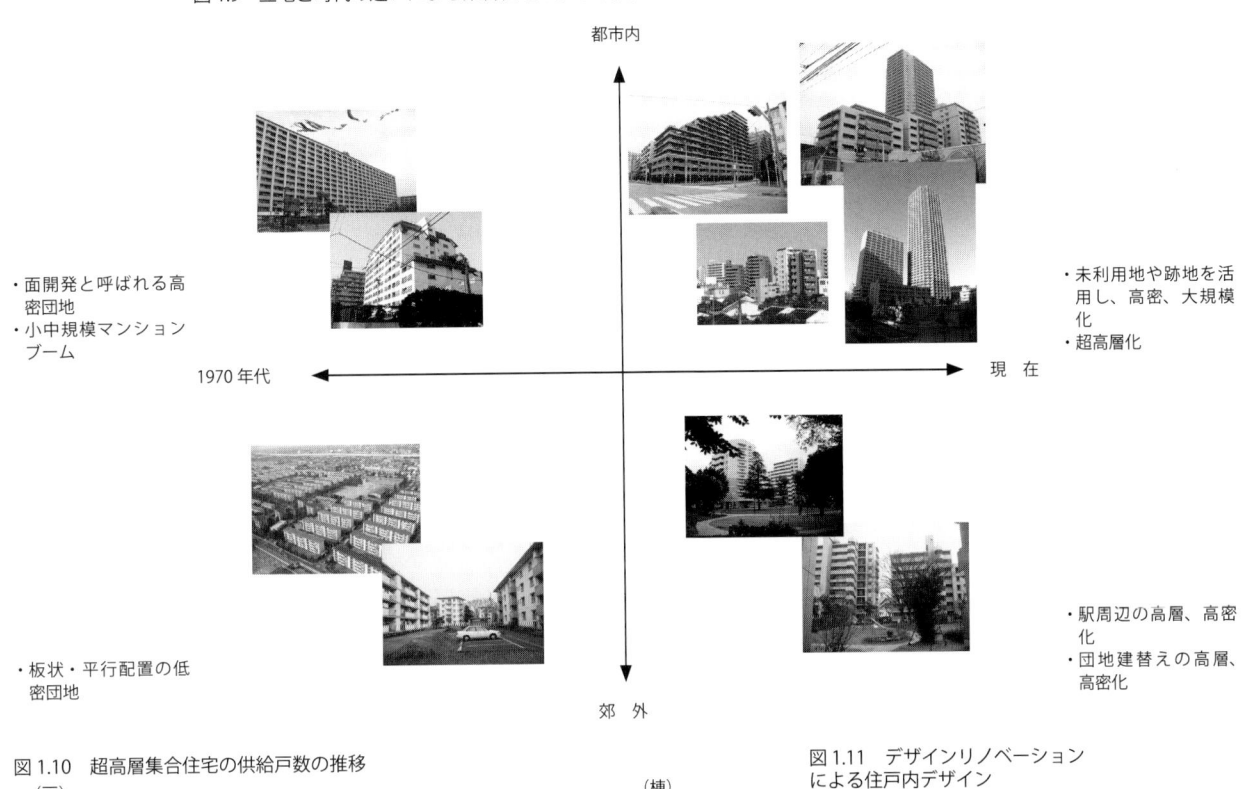

図1.9　立地と時代の違いによる集合住宅のおもな傾向

- 面開発と呼ばれる高密団地
- 小中規模マンションブーム
- 板状・平行配置の低密団地
- 未利用地や跡地を活用し、高密、大規模化
- 超高層化
- 駅周辺の高層、高密化
- 団地建替えの高層、高密化

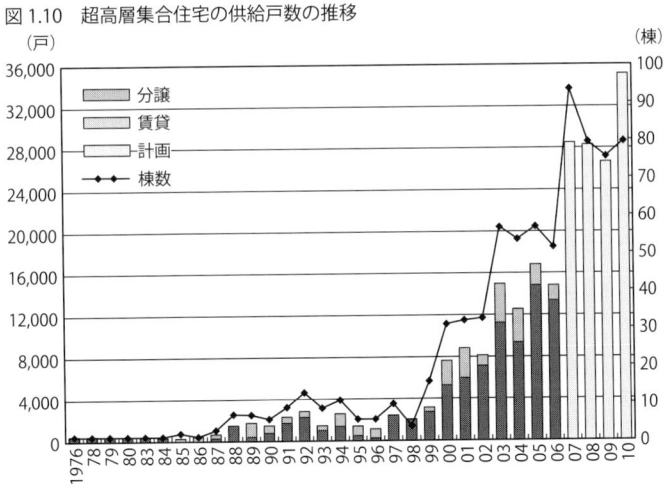

図1.10　超高層集合住宅の供給戸数の推移

図1.11　デザインリノベーションによる住戸内デザイン

1.5　居住者像と住まい方から考える

　集合住宅の居住者像は様々である。それには、時代ごとのトレンドがあり、移り変わりもあるが、現時点でのトレンドを紹介しながら、まだ十分に普及はしていないが、これからも出てくるであろう居住者像をみてみたい。

　居住者像を捉える方法には、世帯構成、ライフスタイル、購入価格帯の三つがある。これらの捉え方によって、どのような集合住宅を計画するかを導き出してほしい。

❶ 居住者像の捉え方

①世帯構成

世帯人数が年々減少してきている。平成17年国勢調査の全国平均では、1世帯あたり2.58人である。平成19年の合計特殊出生率は1.32であった。このように子供をつくらない世帯が増えてきている（図1.12）。

世帯構成で捉える際には、ライフステージの変化を考慮する必要がある。最初は夫婦だけであるが、子供が生まれ、後に巣立っていく。このように時系列で変化する世帯の要素を計画に組み込む必要がある（図1.13）。

②ライフスタイル

一般に生活者としての居住者は、何らかのライフスタイルをもって暮らしている。その分類の方法や捉え方は、様々な供給主体ごとに異なり、集合住宅の企画開発の際には重要なマーケティングのツールであり、コンセプトメイキングのプロセスとなっている。

ライフスタイルを捉えるには、結婚観、仕事観、家族観、余暇の過ごし方、食生活、環境への配慮の考え方、ペットなど様々な切り口があり、何を最も大切にしたいのかを踏まえての計画が必要になる。

③分譲価格（家賃価格）

世帯構成やライフスタイルでは分類できない、分譲価格帯や家賃価格帯での捉え方も可能である。超高額所得者（新富裕者層）のための数億円する分譲価格のマンションや月額数百万円する家賃の賃貸マンション居住などがある。これらは、都心にあっても住戸面積が広く、豪華なインテリア、様々な生活サービス、ラグジュアリーサービスが付帯している（図1.14）。

❷ 新しい住まい方に対応する住宅例

①SOHO住宅

SOHOはスモール・オフィス・ホーム・オフィスの略である。パソコンやインターネットを活用し自宅で仕事ができるようにして、職住一体のライフスタイルに対応するホームオフィスの形式である。住宅部分とオフィス部分を間仕切りや家具等によって区切る住戸プランとなる（図1.15、事例：東雲キャナルコート。p.52〜53）。

②共同で暮らす集合住宅

多様な居住者が個別に住戸をもち、それとは別に、共同の食事スペース、共同リビング、工作室、大型の洗濯機がある部屋などを設けた集合住宅である。集まって住むことによるメリットを生かし、共同で支え合いながら生活することを重視する居住スタイルで、欧米で発展してきた。日本でもいくつか事例があり、居住者が協働しながら暮らすという生活スタイルをよく考えたうえでの様々な工夫がされている（図1.16）。

③シェアードハウス（シェア居住）

一つの住戸を複数の入居者がシェアして住む。首都圏の若者層に受け入れられている居住スタイルである。個室のみが専用スペースでリビング、キッチン、風呂、トイレを、同居する人たちで共用する。最近では、集合住宅の1室をシェアするものから、シェア居住できる複数の住戸が集まった集合住宅も出てきている。

図1.12 世帯構成の分布の変遷（平成17年国勢調査データより作成）

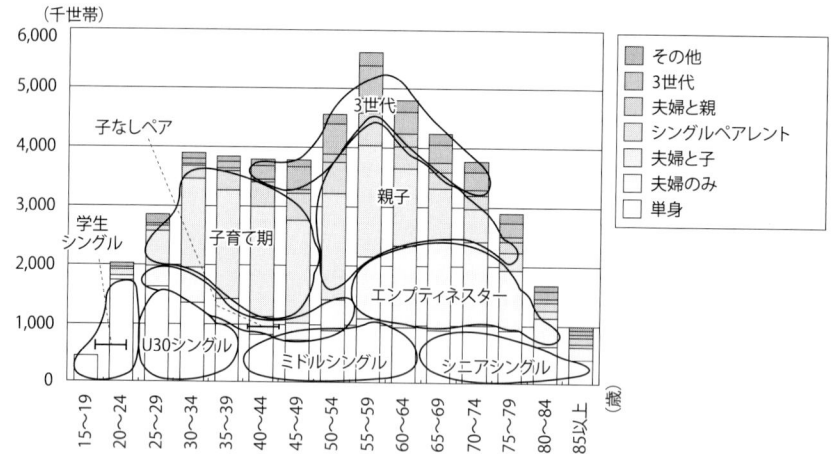

図1.13 ライフステージの変化の一例

図 1.14　超高級賃貸住宅の平面プラン
図はメゾネットタイプで約290m²、賃料(1カ月)350万円の住宅。

図 1.15　SOHO住宅
コモンスペースに面するfルームと呼ばれる1室がホームオフィスとなる（東雲キャナルコートCODAN／山本理顕設計工場）。

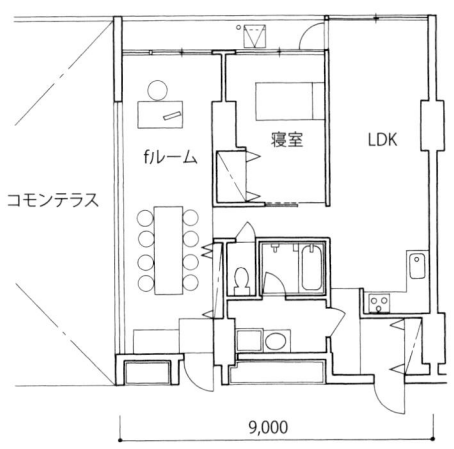

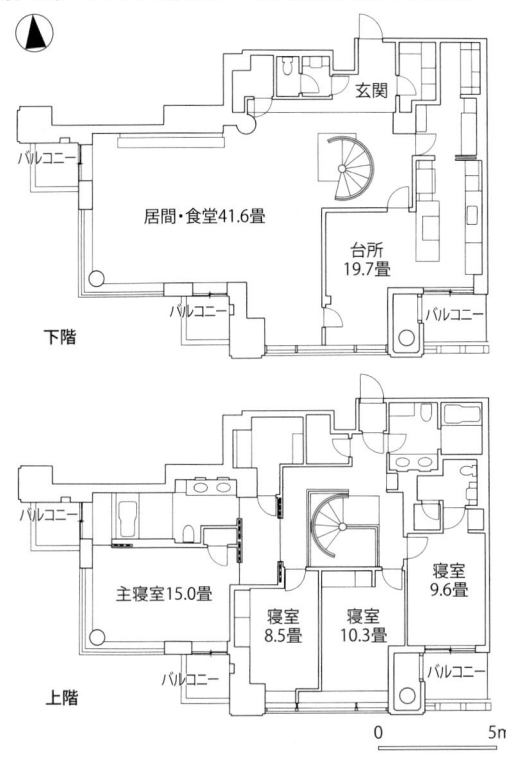

図 1.16　共同で暮らす集合住宅
日本で最初に本格的に計画・運営されている事例（コレクティブハウスかんかん森）
コモンダイニング、コモンリビング、コモンキッチン（業務用オーブンなど設置）、コモンテラス、家事室、工作テラス、菜園テラスなど、個人ではもてない設備が揃っている。運営は居住者によって行われている。

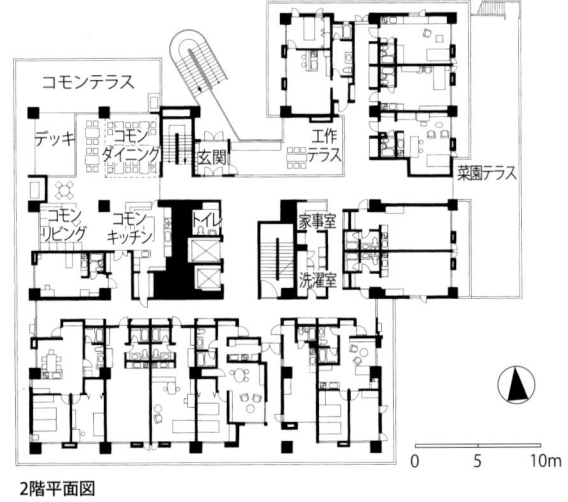

【コラム】

子育て支援マンション

少子化が進んでいるなかで、子育てしやすい環境を整え、少子化をくいとめようという動きが様々みられる。それでは、集合住宅の計画からはどのようなアプローチができるだろうか。
現在、いくつかの自治体や民間企業が、子育てしやすい集合住宅の基準をつくり、認定する仕組みがある。この認定を受けた集合住宅を子育て支援マンションと呼んでいる。その基準の例としては、住戸や共用部において、子供の行動特性に合わせた安全対策が取られているかどうか、親と子、親同士のコミュニケーションがとりやすい工夫がされているかどうかなどがある。また、運営やソフトの工夫として、送迎サービス、一時預かりサービス、保育所や医療機関との連携などが含まれているかどうかなどが、チェックされている。

1.6　サスティナブル集合住宅

　一度建てられた集合住宅は、暮らしの器として長く建ち続けるだけでなく、その価値が長続きするものでなくてはならない。街と集合住宅の関係についても同じことがいえる。集合住宅は社会的な財産である。街の価値やブランドを高め、長持ちする集合住宅でなければならない。後世につけを残すような集合住宅であってはいけない。

　このように、住まい手にも街にとっても長持ちすることを、サスティナビリティ（持続可能）といい、サスティナブル集合住宅がこれからは求められる。

❶ ストック社会に対応する住宅

　建築廃棄物を削減する環境保護意識の高まりと、再生する場合に膨大となる経済的な負担を考えると、長く建ち続け環境社会に対応する集合住宅が求められる。
　それを求めた集合住宅の解の一つが、SI（スケルトン・インフィル）住宅である。これは、居住者ニーズの変化

に対応するために、間取りやインテリアの変更が柔軟にできる仕組みをもった集合住宅である。耐久性の高い構造躯体であるスケルトンと、個別対応が必要な内装部分であるインフィルに区分して供給される（図 1.17）。

スケルトンは長持ちさせる部分であるので、周辺の街並みに溶け込み、社会的に陳腐化しないようにデザインされる。

❷ 街をつくり街に繋がる集合住宅

これまでの集合住宅で、街との関係や繋がりについてよく考えられたものはあまり多くはない。しかし、ストック時代となり、街並みや景観への接し方や、街との繋がりのもち方が変わる兆しもみられるようになってきている。

①街並み形成型集合住宅

中庭を囲むように住棟をロの字に配置し、街路際に住棟の壁を位置させる配置プランをもつ集合住宅。壁面が揃って、街並みが整いやすい。各住戸が街路に直接接するため、都市的な表情が醸し出される（図 1.18）。

②リビングアクセス

リビングアクセスは、廊下型の集合住宅において居間を廊下側に設けて、パブリックな空間からプライベートな空間への段階的な連続化を図るものである。居住者は生活を外に向けて開くようになり、街とのコミュニケーションがとりやすくなる。廊下との間には適度な緩衝スペースも設けられている（図 1.19）。

❸ コミュニティの温度による集合住宅の個性

コミュニティの意識や感じ方は人それぞれであり、集合住宅の中で、コミュニティをつくらなければいけないとか、そのための施設が絶対に必要だとは言いきれない。コミュニティのあり方をどう捉えて計画に反映するかは、集合住宅に特有な条件である。

コミュニティのあり方、それに対してどう空間的に対応したかが集合住宅の個性になる時代である。集合住宅によって、コミュニティの程度がいろいろあっていい。

ただ、集合住宅に集まって住み、長く住み続けるためには居住者間のコミュニケーションのとり方に何らかの仕掛けは必要になってくるだろう。その一例がコモンのある集合住宅である。コモンは、アプローチ動線を兼ねた共用空間で、自然発生的なコミュニケーションを誘発する場のつくり方として参考になる（図 1.20、事例：SQUARES。p.48〜49）。

❹ 環境と共生する集合住宅

環境の時代には、資源の循環や省エネルギーなど、地球環境を守るための配慮がされた集合住宅が必要になる。設備機器に頼るだけでなく、住棟の配置や形態を工夫し、周辺や敷地内の自然環境を守りながら活用する。一方で、住まい手自身にもエコ活動に主体的に参加を促す居住スタイルが内蔵されている。ハードだけで解決するのではなく、人間の環境への意識を高めることも望まれているのである（図 1.21）。

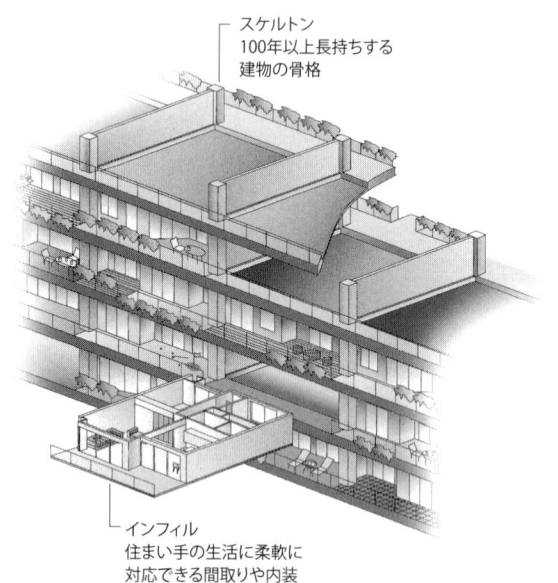

図 1.17　SI（スケルトン・インフィル）住宅のイメージ

図 1.18　街並みを形成する集合住宅（上／パリの市街地）と形成しない集合住宅（下／東京の市街地）
パリの集合住宅には、整った街並みをつくる仕組みが内蔵されている。

図 1.19　リビングアクセス（清新北ハイツ 4-9 号棟、葛西クリーンタウン）
居間が廊下に面し花や樹木が飾られ、歩いていて心地よい。

図 1.20　コモンのある集合住宅
中庭はアプローチ空間でありながら、住まい手のコミュニケーションの場ともなる（SQUARES／谷内田章夫）。

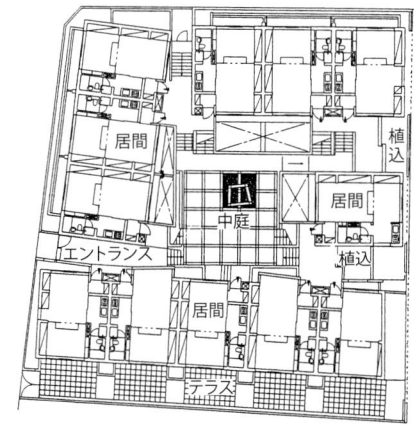

1階平面図

図 1.21　環境共生住宅
環境共生住宅のイメージ

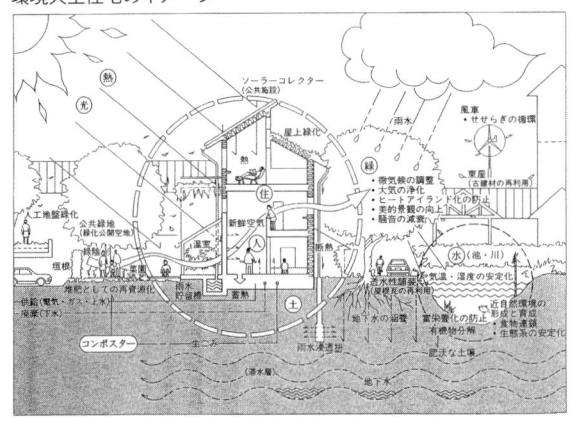

世田谷区深沢環境共生住宅（岩村アトリエ）

1.7　地域性をもつ集合住宅を考える

　戦後から高度成長期にかけての大量供給の時代には、配置計画・住棟計画・住戸計画の標準化が大きな条件であった。地域の気候風土に合わせて微調整は行われたものの、地域性や風土性の個別性への対応は、当時はないがしろにされてきた。

　1980 年代初頭から国によって、地域に根差した住まいづくりを目標とした計画が全国的に進められ、地域性のあるデザイン計画を求めたデザインガイドラインも生まれている。

　しかし、地域・風土・伝統などを重視した集合住宅の形をみつけることは、その手掛かりが乏しくなっているために、本当に難しい。

　その中で、ここで取り上げた北海道、沖縄、京都の集合住宅は、地域性、風土性、伝統性に対して、よく考えられている事例である。

❶ 北国型集合住宅

　北海道などの雪国では、雪処理を集団で、計画的に解決できるように工夫されている。また、共用空間を屋内化することによって、居住者を外出しやすくし、冬季におけるコミュニティ活動を活性化しようとしている（図 1.22）。

❷ 南島の集合住宅

　1 年を通して温暖な気候である沖縄などでは、住戸内部と外部空間を緩やかに連続的に繋げる住宅の作法が取り入れられている。居間に連続するテラスが住戸の入口となっている（図 1.23）。

❸ 町家型集合住宅

　伝統的な町家の空間原則を取り入れた京都の事例である。デザインを町家風にするという安易なものではなく、町家の空間原則である、「いえ」と「まち」の関係に関わる集住の知恵を現代に生かしている。この町家型集合住宅の原理を普及させるために、「町家型共同住宅設計ガイドブック」がつくられている（図 1.24～1.25、事例：北野 洛邑館。p.56～57）。

図1.22 北国型集合住宅
屋根付きの通路がある。雪国の雁木からヒントを得ている。

図1.23 南島の集合住宅
居間に連続するテラスが住戸の入口部分にある。

図1.24 町家型共同住宅設計ガイドブック

図1.25 町家型集合住宅
京都の街並みや街との関わりを考えた計画・デザイン（北野 洛邑館／吉村篤一）。

1.8 欧米の話題の集合住宅づくり

❶ コンバージョン

欧米では、1980年ころから、倉庫やオフィスを集合住宅にコンバージョン（用途転換）するプロジェクトが増えている。背景には、都心部での住宅不足と、ウォーターフロントや斜陽産業の空き倉庫や、空きオフィスを有効活用するということがある。

立地条件のよい倉庫やオフィスの、集合住宅へのコンバージョンは、質が高く、最新のトレンドを求める人々にとって、高い人気がある。コンバージョンされる前の用途としては、給水塔、醸造所、病院など様々で、コンバージョンの技術開発も非常に進んできている（図1.26）。

❷ 団地再生

1960～70年代に欧米でつくられた団地は、大量供給のためにパネル工法で建設され、居住性能が著しく悪く、老朽化が激しい。1990年代には、高い失業率や移民の問題を抱え、ドラッグや軽犯罪などの温床となり荒廃していった。

このような状況に立ち上がった欧米の団地再生は、低い居住水準を高め、社会・経済的な問題を解決しながら、居住地としての魅力と価値を向上する"第2の街づくり"を進めようとするものである。団地の空間的な再生とは、増築や減築をして住棟や住戸に多様性をもたせたり、団地内通路を周辺の街と同じように縦横にネットワークし直したりすることである（図1.27）。

❸ アーバンビレッジ

アーバンビレッジは、イギリスの社会の中で、伝統的なコミュニティを維持し、安全性、生活の質、環境に重点を置く住宅地づくりである。それは「都市再生の必然性と、サスティナブルで安全なコミュニティを創出することが最も重要である」と示され、次の六つの理念が挙げられた。

「ヒューマンスケールの開発」「高品質なデザイン」「複合開発」「計画的なインフラ」「ミックスインカムと手に入れやすい住宅」「効果的なマネジメント」である。

そのために以下の条件が計画に望まれている。これら

により、何世紀にもわたって生き延びているイギリスの伝統的なコミュニティの性格をもつことが期待されている（図1.28）。

- 戸数密度：50～60戸/ha、120～150人/ha
- 街区内の用途混合
- 多様な所有形態のミックスによる多様なコミュニティの創出
- 自動車依存の回避（公共輸送手段への移行）
- サスティナブルな（持続可能な）住環境の創出

図1.26　コンバージョンの例（ウィーン）
ガスタンクを集合住宅にコンバージョン（用途転換）した例。

図1.27　団地再生の例
上／パークスタット（アムステルダム）
　もともと5階建ての住棟に1階分を増築した。また、1階の一部を減築し、団地内を通り抜けられるようにした。
下／ストーンブリッジ（ロンドン）
　高層住棟が中層となり、街並みが生まれるように建て替えられている。

図1.28　アーバンビレッジの例（ミレニアムビレッジ、ロンドン）
上／模型、下／実際に完成した集合住宅の外観。

【コラム】
欧米の集合住宅の原型

　欧米の街や集合住宅地は、調和がとれた景観形成がなされている。その理由は欧米の集合住宅の構成に"街区形成"の原則があることによる。街区形成型の集合住宅の特徴は、道路境界線に接して建つこと、中層の高さであること、中庭をもつことにある。中庭をもつことによって、都市の喧噪からのがれ静謐な空間を確保できる。そして、道路境界線に接して建つことで、壁面が揃い、都市との緩やかな関係をもたせることができている。図1.28で紹介したアーバンビレッジにおいても、すべての街区で、このような原則によって集合住宅が構成されている。

1.9 集合住宅の形態を知る

集合住宅の形態は様々である。立地や、法規制の条件による制約に始まり、計画条件によって様々に変化する。ここでは、いくつかの分類の方法によって集合住宅の形態をみてみよう。

❶ 高さによる分類

集合住宅は高さによって大まかに表1.2のように分類される。しかし、設計をするうえで、高さによって分類すること自体にはあまり意味がない。重要なのは、周辺の街並みとの関係や、その地域の中で新しく建つ集合住宅の高さがどうあるべきかを考えることである。

❷ アクセス形式による分類

ほとんどの集合住宅は、片廊下型か階段室型に分けられる。各住戸へ廊下でアクセスするか、階段室でアクセスするかで分類できる。超高層集合住宅の場合にはコア型が一般的である。

また、最近の低層集合住宅の中には、長屋形式と呼ばれる特殊なアクセス形式も多くみられるようになってきた。これは、各住戸に道路から直接アクセスできるもので、共用の階段や廊下を必要としない（表1.3）。

❸ 配置の形による分類

配置の形は、敷地の大きさや形、建築法規によって大きく影響を受け、おおむね6タイプに分類できる。一般的にみられる配置は、L字型（板状型）、超高層型か充填型になり、その複合型もある。

新しい住宅地づくりでは、欧米では一般的な中庭型がみられるようになってきたし、建築家が手掛ける都心部の敷地では、群島型と呼ぶ配置もみられるようになってきた。いずれも例数は少ないが、街との関係がよく考えられた住宅の形態である（表1.4）。

❹ 集合住宅の形態のコントロール方法

集合住宅地の計画・設計では、その形態をコントロールする方法がある。代表的なものに、マスターアーキテクト方式によるコーディネートと、デザインガイドラインによるコントロールがある。いずれも、建築のボリューム、形態、ディテールなどをコントロールするものである（図1.29）。

表1.2 高さによる分類

低 層	1〜3階	街並みがつくれる。接地性がある。
中 層	3〜6階	街並みがつくれる。
高 層	7階〜	街並みに悪影響が生じてくる。
超高層	20階〜	街並みはつくれない。

表1.3 アクセス形式による分類

種類	図	概要	特徴	備考
片廊下型		外部に開放された廊下によって各住戸へアクセスする。	階段やエレベーターが少なくてすむ。廊下が長くなり、殺風景になったり、通風・プライバシーの問題が出てくる。	中央に廊下を設け両側に住戸を配した中廊下型がある。
階段室型		階段室から各住戸へ直接アクセスする。	住戸の両面に窓を設けられ居住性やデザイン性が高まる。階段を多く必要とし、不経済な面もある。	2住戸で階段を共有するものを、2戸1型、3住戸の場合は3戸1型という。
長屋形式		専用階段などによって各住戸へ直接アクセスする。	街に直接繋がる集合住宅となる。共用空間が少なくなる。	集合住宅にかかる法規制とは別であるので、新しい形が生まれる。

表 1.4 配置の形による分類

種類	L字型（板状型）	超高層型	複合型	充填型	中庭型	群島型
図						
概要	マンションに一般的にみられる。南側に住棟を寄せて配置される。	高く建てるために配置される。	中層、高層、超高層が一つの敷地の中に複合して配置される。	敷地いっぱいに配置される。	ロの字型の住棟で中庭を囲むように配置される。	一つの敷地の中にいくつかの小規模な住棟がばらばらに配置される。
階数	7～15 階程度	20～60 階程度	5～60 階程度	5～10 階程度	3～7 階程度	2～5 階程度
備考	北側の街並みをつくれない。	街全体の景観に注意。	街全体の景観に注意。	密度感や空間の開放性を工夫する。	街路側と中庭側の空間の関係性をつくる。	プライバシーや見え方に工夫する。1敷地1建物の原則に注意。

図 1.29 幕張ベイタウンのデザインガイドラインの例

都市デザインガイドライン 1
街路の性格に合わせて、壁面後退、建築線の位置などを決めている。

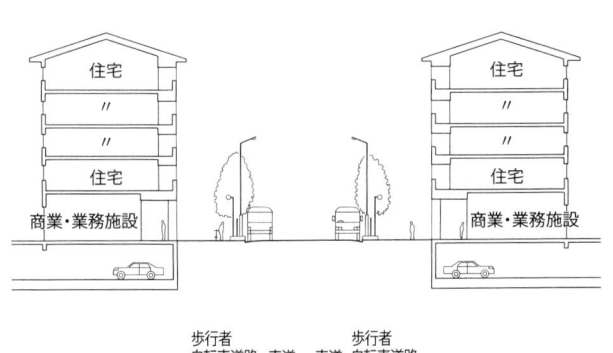

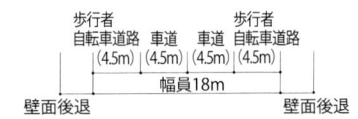

標準道路断面構成図（セントラルストリート、幅員18m、2車線）

都市デザインガイドライン 2
壁面の構成、デザインパターンを決めている。

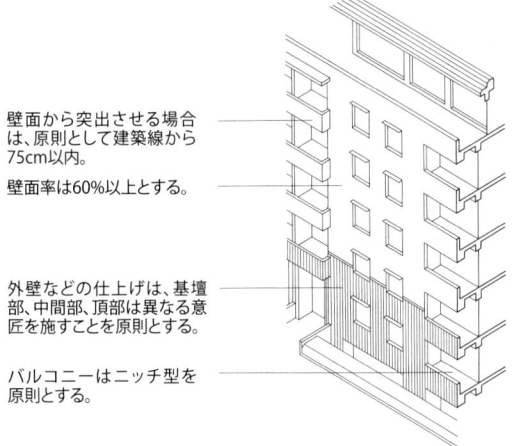

壁面から突出させる場合は、原則として建築線から75cm以内。

壁面率は60％以上とする。

外壁などの仕上げは、基壇部、中間部、頂部は異なる意匠を施すことを原則とする。

バルコニーはニッチ型を原則とする。

【コラム】
"森山邸"を真似る場合には

森山邸は西沢立衛が 2005 年に完成させた画期的な集合住宅である。290m² の敷地に 10 棟の住棟が建ち、全体を構成している。新しい集合住宅のモデルを提示したかにも見えるが、この設計は難しい。真似てもいいが、同じような優れた集合住宅をつくるには、その大変さと向き合う覚悟が必要である。何がそんなに難しいのか、を挙げておく。
・設計は 1 つの敷地に 1 つの建物しか建ててはいけない原則があるが、森山邸は、いくつもの敷地に巧妙に分割したうえで、建てられている。
・全体の構成のなかでプライバシーの関係や、向かい合う部屋同士の見え方、視線の交差を同時に解決するために相当量のエスキスが練られている。
・周辺市街地のボリュームとなじむように、敷地内の密度感・ボリュームが生み出されている。

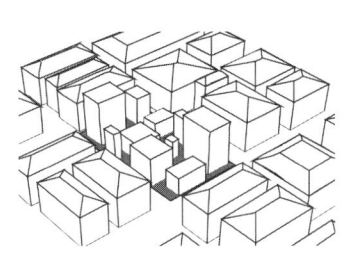

概要 19

1.10 集合住宅の規模と密度を知る

　過去30年間の建築雑誌から選んだ150事例の集合住宅の規模と密度に関するデータをプロットした。集合住宅を設計するときには、容積率と密度感の関係、容積率と建ぺい率との関係などを把握する必要がある。そして、どのような規模や密度のときに、どのような雰囲気が生まれる集合住宅となるのかをイメージしてほしい。

❶ 敷地面積と容積率

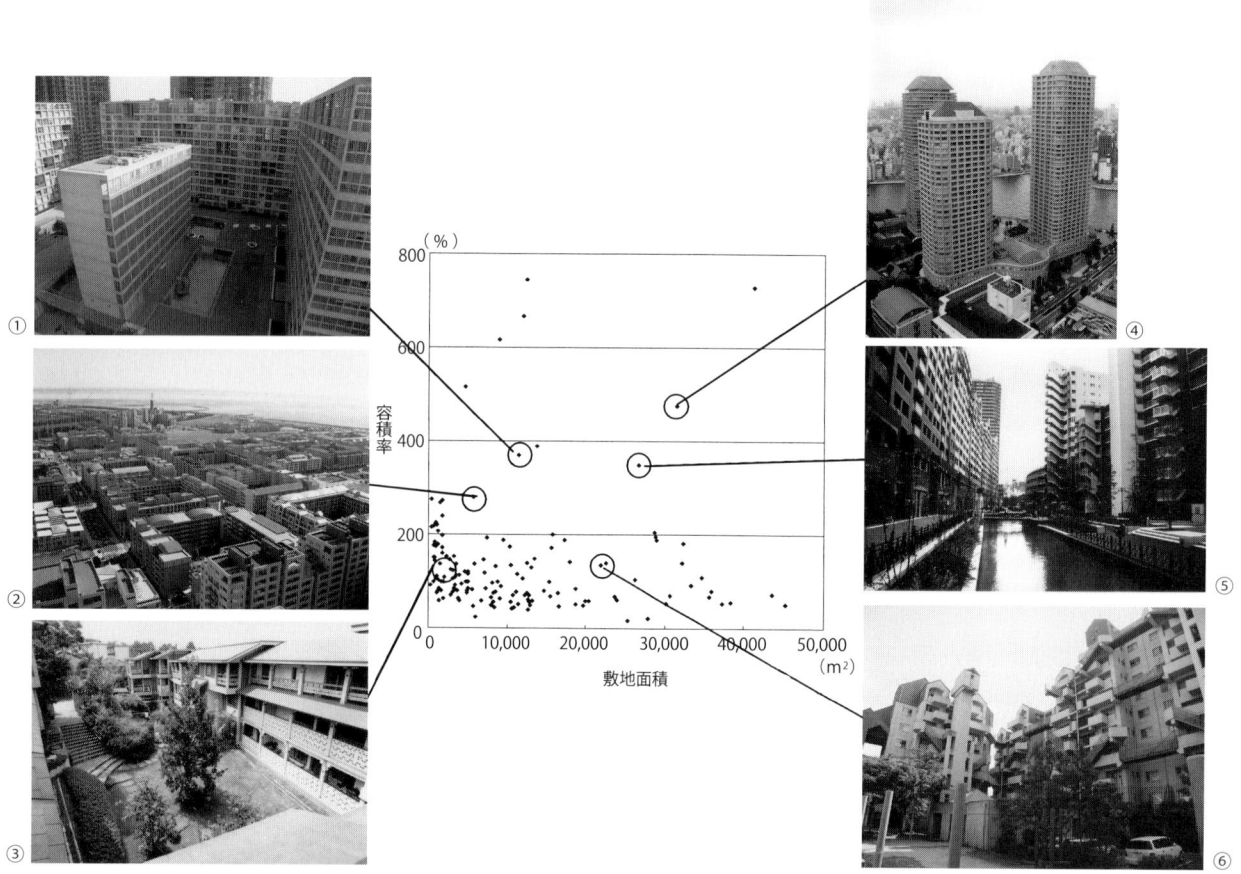

❷ 敷地面積と戸数

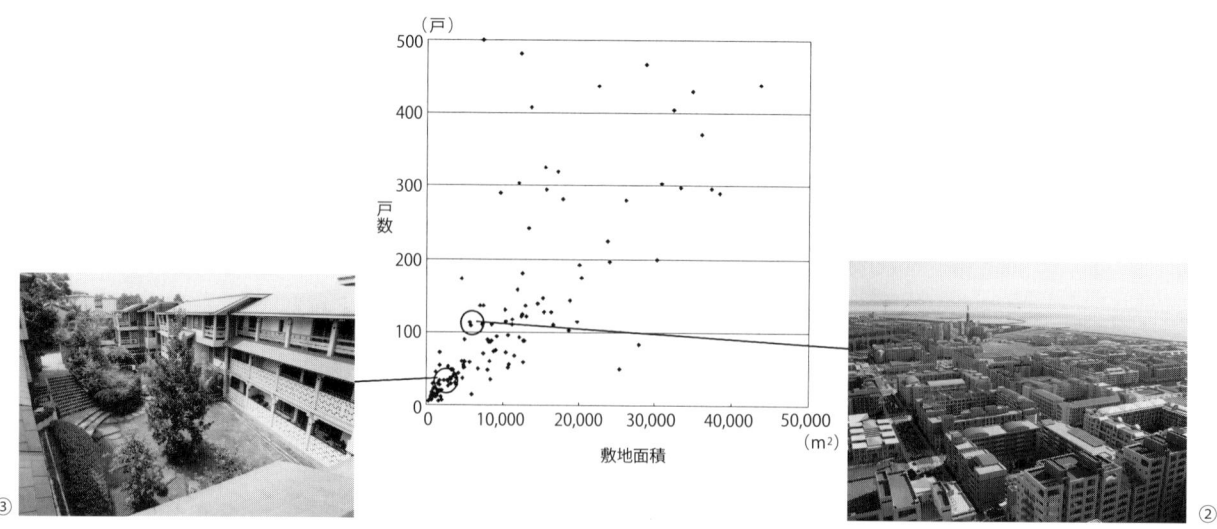

	名称	年	敷地面積	戸数	階数	容積率	建ぺい率	戸数密度
①	東雲キャナルコート CODAN	2003	9,221	410	13	388	61	444.6
②	幕張ベイタウンパティオス	1995	5,644	113	6	279	68.7	200.2
③	泰山館	1989	2,345	34	3	153.2	46.9	145
④	大川端リバーシティ21 西ブロック	1988	31,500	1,170	40	475.9	39.5	371.4
⑤	キャナルタウンウエスト	1995	26,623.3	1,200	36	348	44.8	450.7
⑥	大阪府営東大阪吉田住宅	1991	21,816.6	426	11	133.2	37.5	195.3
⑦	パークコート杉並宮前	1996	3,187	35	3	105.6	46.9	109.8
⑧	アパートメント鶉	2002	1,407	13	2	85.1	47.9	92.4
⑨	熊本県営保田窪第一	1991	11,184	110	5	78.3	31.8	98.4

3 容積率と戸数密度

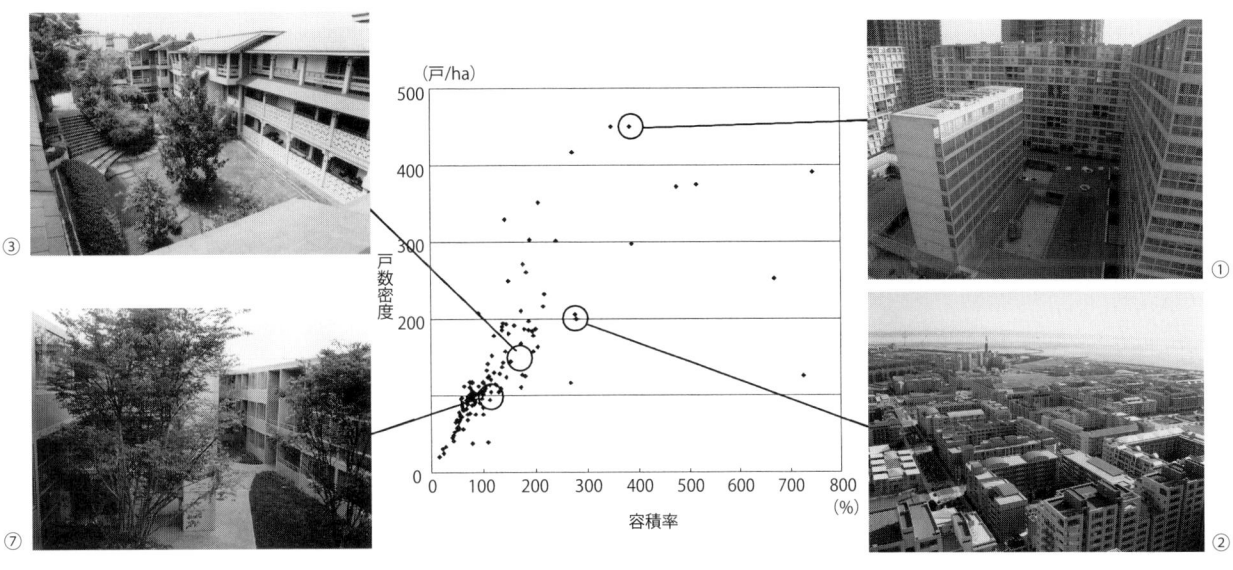

4 容積率と建ぺい率

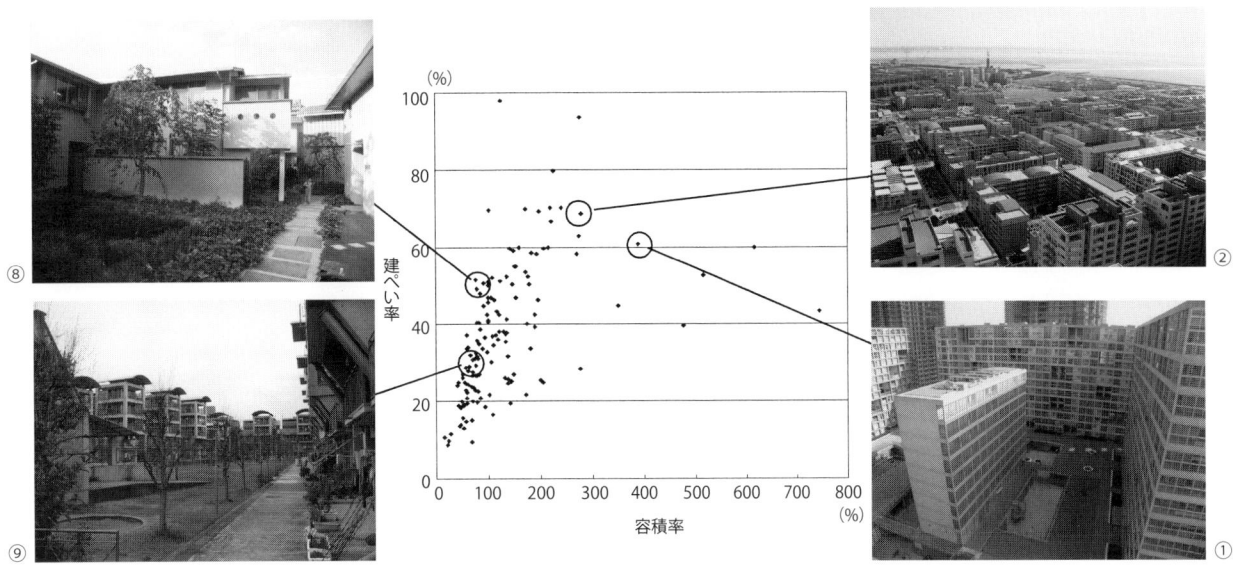

概要 21

2 設計・計画

2 設計・計画

2.1 「手法」をイメージする

　集合住宅に限ったことではないが、建築のデザインに正解という概念はない。むしろ過去の解答例を打ち破るような、新たな価値をもったデザインを生み出すことが求められている。設計者のするべき「仕事の流れ」は、スケジュールに沿ってリニアに進む一方、デザインを生み出すためには、全く別なノンリニアな次元で常に頭を働かせておかなければならない。

❶ 設計者の「立場」と「仕事の流れ」

　集合住宅の建設事業を進めていくうえで、設計者がいかなる立場にあるのかを見てみよう。一般的には、クライアント・設計者・施工会社の3者構図となり、設計者はクライアントと設計監理契約を結び、設計業務を進めながら施工会社に対して設計監理を行う立場にある（図2.1）。

　次に設計者のなすべき業務フローを説明する。最初は集合住宅を建てたいと思っているクライアントからの意見や要求をつぶさにインタビューし、それらのビジョンを企画にまとめる「基本構想」を行う。さらにその建物の規模や階数など、基本的な仕様や形態を決める「基本設計」を経て、大まかなコストを押さえつつ建築材料やディテールを決定する「実施設計」を行う。その後施工会社の選定に続いて、現場着工と同時に施工図や実際の工事経過をチェックするべく「設計監理」を行い、引き渡し直前には仕上がりをもう一度チェックし、是正させるための「竣工検査」を実施する。こうした流れは、設計作業を始める段階で、工期と合わせて月あるいは週単位のスケジュールを組み立てておく。

　このように、設計者の業務内容を「仕事の流れ」として並べると、案外単純なものである（図2.2）。

❷ 考える要点としての「12の手法」

　一方、設計者の本来の職能とは、スケジュールに沿った手続き処理ではなく、クライアントの要望や設計与件、敷地条件や建築関連条法など、複雑にからみ合う問題を一つずつクリアしながら、新たなアイデアやデザインを建築空間としてかたちにすることである。またそこに至るまでの過程については、設計者の個性や持ち味によるため、実はこれぞという適切なお手本はないのだが、本書では建築初学者が集合住宅の設計手法を学ぶ際にふさわしいと思われる重要なポイントをピックアップし、本章の2.2から2.13に示す12の手法として紹介する（図2.3）。

❸ 並行して考える、何度でも考える

　実際に設計を進めていくとわかるが、必ずしもこれら12の手法には決まった順序や優先順位はない。むしろそれぞれの手法で焦点をあてた箇所を中心に、他の箇所を同時に考えていくことが重要である。そして何度でも考えることである。意識の対象を躊躇せず前後させ、繰り返し試行錯誤し、じわじわと全体をまとめ上げていく。これこそが設計の専門職能としての醍醐味である。

図2.1　建設事業における設計者の立場

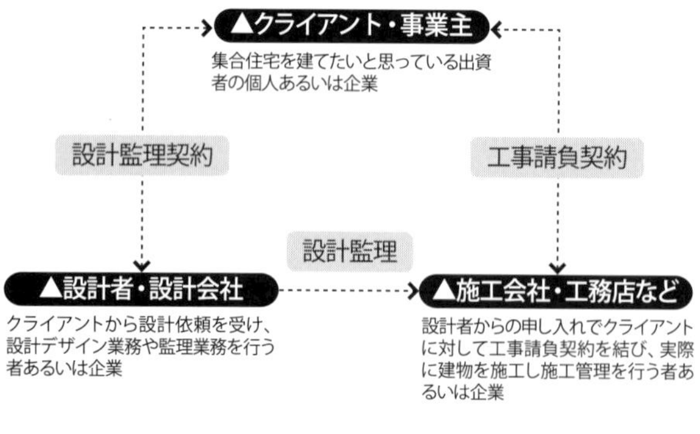

図2.2　設計者の業務フロー

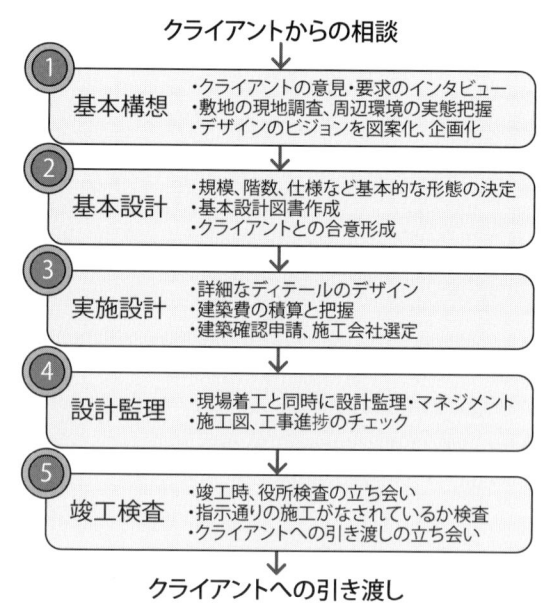

図 2.3 集合住宅をデザインする「12 の手法」

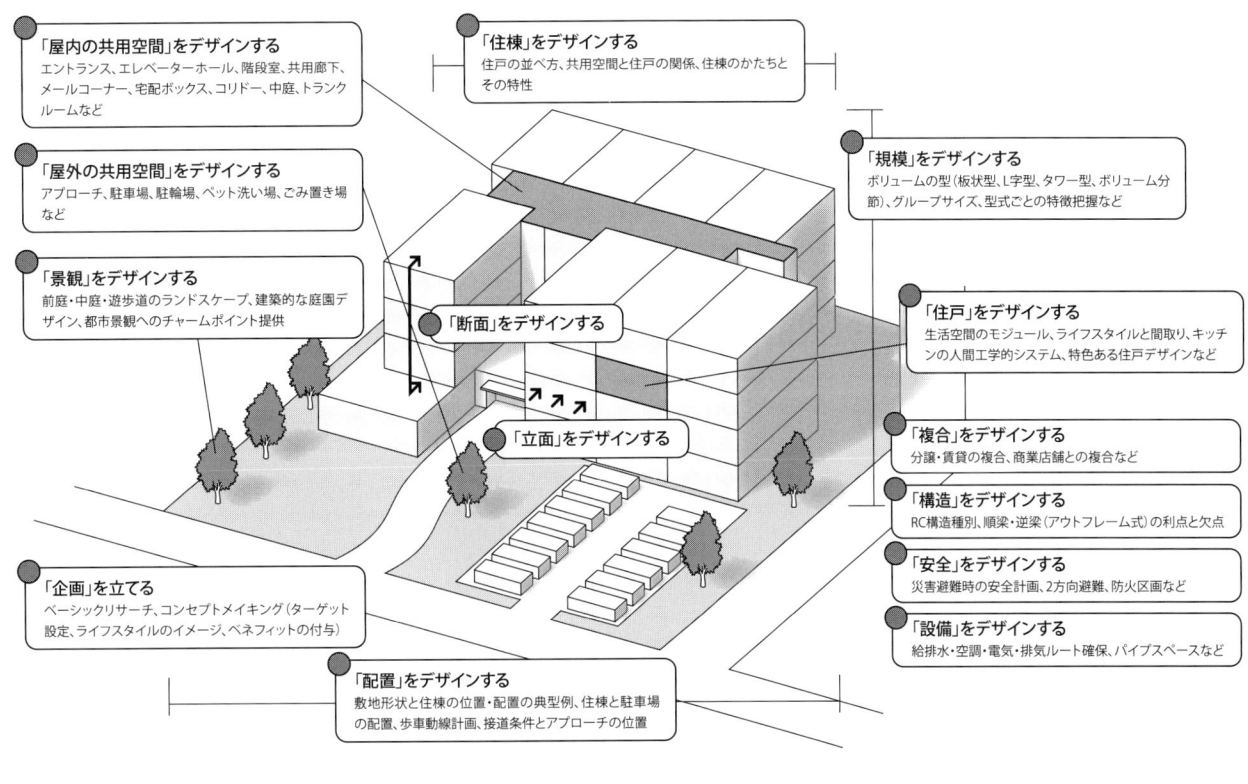

2.2 「企画」を立てる

　集合住宅の場合、クライアントは建物のオーナーか事業主であり実際の住まい手ではないため、設計を始めるにあたっては、どんな人にどんなふうに住んでもらいたいのかを、敷地周辺の調査データと合わせて企画書や企画シートにまとめておくとよい（表 2.1）。

❶ ベーシックリサーチ

①周辺環境を調査する

　単に自然環境や街の雰囲気だけでなく、物販店、診療所、公園、保育園、学校等、日常生活に必要な都市拠点の有無やそこまでの距離を調査・実測し、立地のメリットやデメリットを把握する。これらは住宅地図や白地図をもとにして敷地を中心とした徒歩圏マップを作って、位置をプロットすると整理しやすい。

②敷地条件を把握する

　現業では後に測量会社に依頼するのだが、企画を立てるに先立ち、大まかに敷地の形状や高低差をコンベックス等で測っておく。次に隣地建物の軒高や窓の位置、眺望などを水平景観と空中景観に整理して把握する。また、敷地前面の道路幅員や接道本数、昼夜交通量、歩道の有無、電柱・街灯・交通標識の高さと位置といった接道条件も測量図に記録しておく。

③社会的な動向を知る

　総務省統計局では、都道府県別の持ち家・賃貸住宅の居住割合の推移や、年齢・年収別の居住状況などを調査しており、こうしたデータを参照し住まいに関する社会的な動向を知るのも面白い。また近年では核家族化や単身生活、血縁以外との同居やホームオフィス需要増など、多様なライフスタイルに合わせた住居が求められており、後述のコンセプトメイキングに関連づけながらさらに深く情報収集をするとよい（表 2.2）。

④地域の需要・市場ニーズを捉える

　特に分譲型の集合住宅の場合、購買者はもともとその地域に借家住まいしていることが多く、世帯数が大規模なほど地域内からの転居率が高い。最近では住宅情報雑誌や不動産物件のウエブ検索サービス等が充実しており、これらのメディアから供給の現状をみて地域需要の把握や予測を行うとよい。

❷ コンセプトメイキング

　リサーチ結果をもとに、顔の見えない住まい手に住空間をサービスする気持ちをもって、「どんな人をターゲットにし、どんなライフスタイルで、どんなベネフィットのある住空間を提供したいのか」といったコンセプトを、文章やシートに書き起こす。このとき、ターゲット像には住まい手の年齢層、性別、単身・家族別、職業や趣味などを想定して含んでもよい（図 2.4）。

表 2.1　賃貸型集合住宅の企画シート（例）

コンセプト		
ターゲット設定	年齢層・性別など	20 代後半〜30 代後半の脱 nLDK 志向の男女 または 30 代〜50 代の個人事業主
	家族構成	単身、夫婦あるいは夫婦＋幼児 1 名
ライフスタイルのイメージ		単身あるいは夫婦それぞれが独立した仕事生活を営みながら家族の時間をもつ、個人の趣味活動を家の中でゆっくりと楽しむ個人発現型＋家族集約型ライフスタイル。 または家の中に多人数のゲストや顧客を招き、仕事や個人活動の拠点として住居を構え、活発な都市生活を送りたい仕事発現型＋活動拠点型ライフスタイル。
与えるベネフィット		趣味や家具配置の変化に対応できるフレキシブルな個人領域づくりが可能なリビングルームを提供する、季節家電やスキー板などの収納スペースを充実させる、居室や書斎スペースからアクセスできるリビングバルコニーを設け趣味活動をバックアップする etc…
ベーシックリサーチ		
周辺環境	最寄り駅との距離	最寄り鉄道駅より 900m、バス停より 70m
	徒歩圏の都市拠点	ビデオレンタルショップ、コンビニエンスストア（2 軒）、都市銀行・信用金庫（3 軒）、フランス料理店、100 円ショップ、弁当販売店、酒店、薬局（2 軒）、スーパーマーケット、総合病院、小中学校、保育園（2 軒）、幼稚園（2 軒）、クリーニング店、書店、喫茶店（4 軒）
	徒歩圏マップ	
敷地条件	敷地計測	平面形状
		高低差など
		空中景観
		水平景観
	接道条件	接道状況
		接道本数
		道路幅員
		交通状況など
		歩道の有無
		電柱、街灯標識等

表 2.2　生活像のニーズと住宅に対するニーズの変化

	家族像・生活像の変化	住宅に対するニーズの変化
人口・世帯	総人口減少／高齢人口増加・年少人口減少／非婚・晩婚／離婚率増加／出生率減少／世帯構成の多様化／夫婦＋子供世帯減少／共働き世帯増加／単身・夫婦のみ世帯増加／高齢者のみ世帯増加／小世帯化による世帯数増加	一般家庭向け住宅需要の減少／類型的な nLDK 住宅からの脱却／小世帯向け住宅／高齢者対応・加齢対応住宅／3 世代同居住宅／ライフステージ変化への対応／ライフステージ変化に伴う転居／住宅双六以外の住宅履歴
家族	家族関係の個人化・自立化／家族機能（子育て・介護など）の外部化／子供中心から大人中心へ／夫婦の役割分担の柔軟化／家族以外との共住意識の芽生え／家族内での情緒的結合意識の向上／複数世帯の連係	個室の確立・寝室から私室へ／多用室・特定用途室の導入／居間・ファミリールームの充実／共用室・生活利便施設の充実／生活支援サービス・介護サービスへの対応／隣居・近居などネットワーク居住／コレクティブハウジング
就業形態	女性の社会進出・就業率増加／終身雇用・年功序列の変容／仕事中心主義の変容／就業形態の多様化／非正社員増加／ホームオフィス・在宅勤務／スモールビジネス増加の兆し	家事空間の利便性向上／家事空間・水まわり空間と居間などの生活空間の一体化／ホームオフィス・ワークコーナーの導入／情報化対応
生活意識	家庭生活・個人生活の重視／余暇志向／快適性／健康・自然・環境の重視／歴史性・土地性の重視／安全性確保／ボランティア・NPO 参加	品質・ゆとり志向／個性化／部屋数主義脱却／階高への意識／くつろいだ接客空間／環境共生住宅・健康住宅／ガーデニング／防犯性・防犯設備／耐震性／居住地の選択肢増加／コーポラティブハウス

図 2.4　住まいのコンセプトづくり

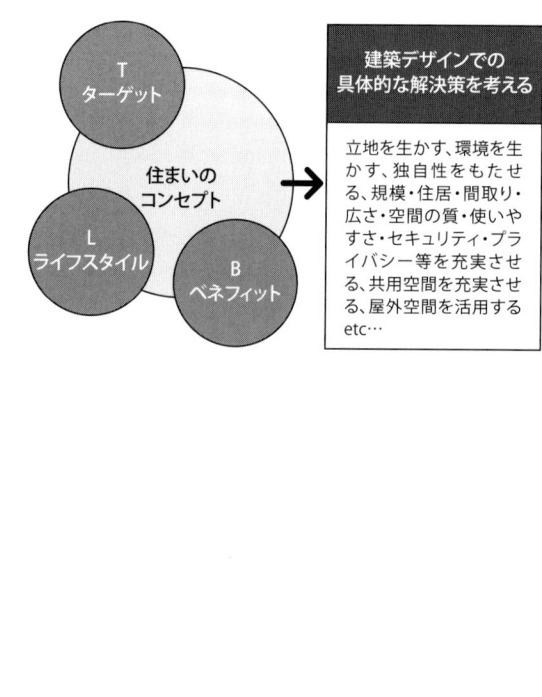

2.3 「規模」をデザインする

集合住宅の規模を考えるにあたっては、建築基準法等の関係条法により、地域や敷地それぞれに建てられる最大ボリュームがまず決まっている。一方、クライアントや事業主から求められる必要世帯数や企画内容を踏まえた各戸の広さからは、全体の延べ面積が一義的に割り出される。以上の二つとは別の観点で、設計者は建物の形態や各戸の集まり方などについてその特徴や利点を理解し、狙いをもった規模計画を行うことが求められる。

❶ 規模を制限する集団規定

建築基準法の集団規定では、地域や地区ごとにその制限内容を定めるものと、敷地の接道条件や前面道路との関係から建物の形態や規模を制限するものがある。容積率、建ぺい率、高さ制限、道路斜線制限、北側斜線制限などがこれにあたる。また集合住宅の場合、用途上可分の関係（2棟に分けてもそれぞれ単体で使用可能）であることから、1敷地に1建物とするのが原則であり、これ以外は団地計画となる（表2.3）。

❷ ボリュームの型と特徴

建物規模を形態的なボリュームの型として捉えた場合のそれぞれの特徴を示す（図2.5）。

① L字型（板状型）

片側あるいは中央に共用廊下を配したL字型（板状型）ボリュームがまずは一般的である。これは全住戸の面積やバルコニーの向き、眺望や採光条件をなるべく一定に

表2.3 規模を制限する集団規定とその概要

種類	概要など
容積率の制限	容積率＝延べ面積/敷地面積のことを指し、用途地域別に前面道路幅員に合わせてその上限を制限する ※延べ面積＝建築物の各階床面積の合計
建ぺい率の制限	建ぺい率＝建築面積/敷地面積のことを指し、市街地に適度な空地を確保することを目的としている ※建築面積＝建築物の垂直投影面積
高さ制限	用途地域ごとに建築物の絶対高さを制限する
道路斜線制限	規定範囲内に建築物の形態を制限するものであり、部分ごとに高さの制限がかかる
隣地斜線制限	
北側斜線制限	
中高層建築物の日影規制	規定範囲内に建築物が落とす日影時間を規制することで高さを制限する
防火地域・準防火地域の建築制限	防火地域・準防火地域ごとに建築物の規模によりその構造を制限し、市街地火災における延焼拡大を防止することを目的としている

図2.5 ボリュームの型

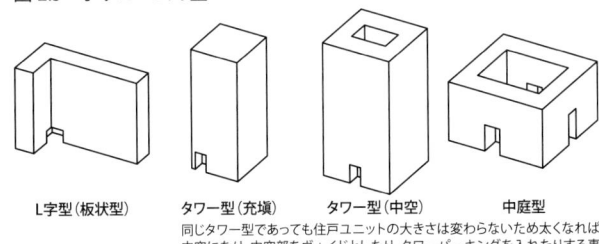

L字型（板状型）　タワー型（充填）　タワー型（中空）　中庭型

同じタワー型であっても住戸ユニットの大きさは変わらないため太くなれば中空になり、中空部をヴォイドとしたり、タワーパーキングを入れたりする事例もある。

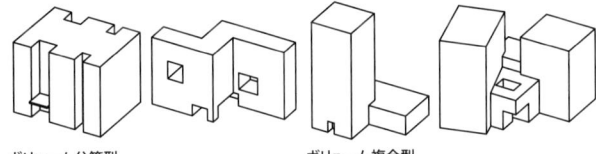

ボリューム分節型　　ボリューム複合型

ボリューム分節型では、分節することで立面の圧迫感を和らげるだけでなく、分節境界付近に住戸間の緩衝空間を設けたり、住戸クラスタの構成やグループサイズの適正規模を保つこともできる。

高層・低層ボリュームを組み合わせることで、一方は眺望重視、他方は接地性重視などのベネフィットが期待できる。また大小様々なスケールのボリュームを組み合わせる例では、様々な様相のコミュニティ形成と同時に、形態的にごく自然な都市景観をもたせることができる。

図2.6 両面採光を可能にする小クラスタ（スカイシティ南砂／清水建設）

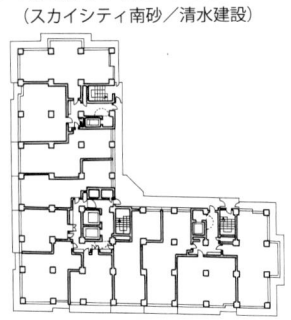

図2.7 ボリュームサイズと住戸条件（タワー型の場合）

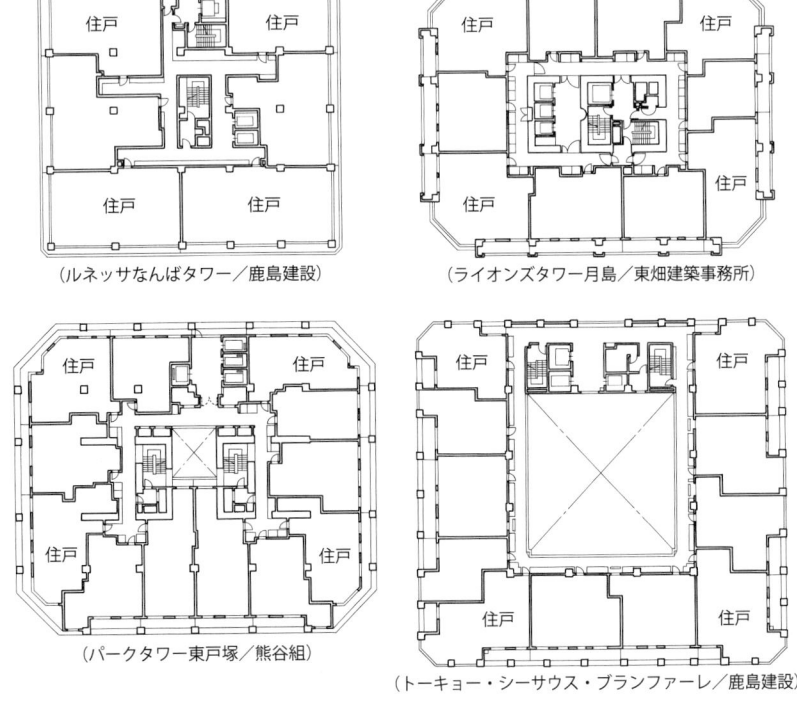

（ルネッサなんばタワー／鹿島建設）　（ライオンズタワー月島／東畑建築事務所）

（パークタワー東戸塚／熊谷組）　（トーキョー・シーサウス・ブランファーレ／鹿島建設）

設計・計画

したい場合によいが、立面の投影面積が広いため圧迫感があり、空中景観の悪化に繋がることもある。

②タワー型（充填型・中空型）

都市部などで超高層タワーマンションとして多く目にするタイプであり、L字型（板状型）に比べ圧迫感が少ないが、住戸の置かれた位置や高さによって眺望や採光にばらつきが生じる。

③中庭型

街区型集合住宅を形成し、1階部分で外部と繋がっており、口の字あるいはコの字の住棟ボリュームの内側にパブリックを引き込みながら、中庭の豊かな空間感を共有できる利点がある。

④ボリューム分節型

メインになる住棟を大小のボリュームと共用空間によって繋ぐ型であり、高層棟はエレベーターホールをコアとして眺望を確保し、低層棟は接地性を生かし専用庭などを設け住みやすく計画できる。

⑤ボリューム複合型

大小・高低様々なスケールのボリュームを共用空間で繋ぐもので、多様なコミュニティ形成と合わせ、建物全体でごく自然な都市景観を呈することができる。

❸ 小さな塊に分けて採光確保

一般的なL字型であっても、エレベーターや共用階段を個別に設け、建物全体を三つのクラスタに分けることで、住戸の両面にバルコニーや大きな窓を確保できる（図2.6）。

❹ 住戸条件とボリュームサイズ

タワー型などでは平面形状によって住戸の形や採光条件も変わってくる。巨大なタワー型の場合、中心に吹抜けやタワーパーキングを設置し中空部を合理的に使うことで住戸形状を整える（図2.7）。

❺ 様々な中庭型で個性的な都市を築く

隣り合った住棟同士が同じ中庭型であっても、ボリューム形状や外部との繋がり方に応じて中庭のつくりに特徴をもたせることで、住まい手の共用空間であると同時に、表情豊かな都市のアメニティ空間にもなり得る（図2.8、事例：幕張ベイタウンパティオス。p.58〜59）。

❻ 大小を複合させ自然な景観をつくる

大小が複合したボリュームでは、変化に富んだ居住空間の集合体を呈し、周辺の街並みと呼応しながら環境に溶け込むことができる。また、多彩なサイズのコミュニティも都市の自然な様相に通じていく（図2.9〜2.11）。

図2.8　中庭型ボリュームと都市空間形成（幕張ベイタウンパティオス）

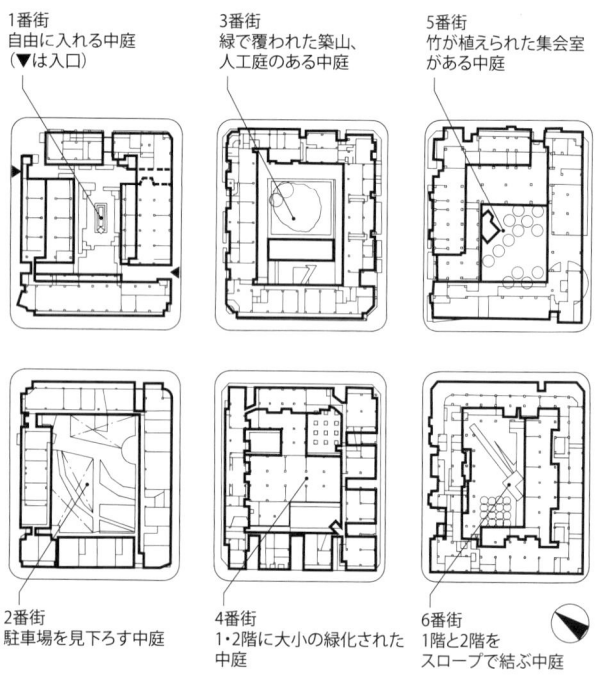

図2.9　ボリューム複合型の事例（忍ヶ岡クレセントヴィラ／遠藤剛生建築設計事務所）

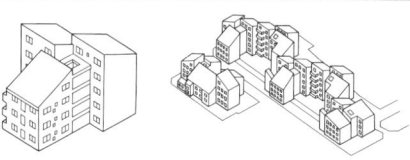

図2.10　分節ボリュームを空中通路で繋ぐ（茨城県営滑川アパート／長谷川逸子・建築計画工房、横須賀満夫建築設計事務所）

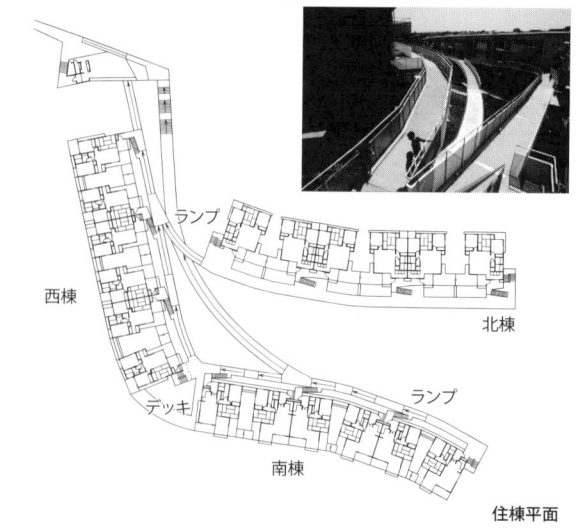

図2.11　小ボリュームを最上階で繋ぐ（秋田県営住宅新屋団地／原広司）

2.4 「配置」をデザインする

❶ 間口長さ・接道条件からみた配置の典型

敷地に対して建物を配置しようとするときは、住棟と駐車場、アプローチの配置についてまず考えるとよい。図2.12は敷地の間口長さと接道条件からみた一般的な配置の典型を示している。敷地内の事故を防ぐべくアプローチと車両進入口を分けたり（歩車分離）、駐車場とエントランスの接続性などを工夫するとよい。

❷ 不整形な敷地形状を生かした配置

不整形敷地であっても、配置方法はいくらでも工夫できる（図2.13〜2.14）。図2.13は細長い不整形敷地の先端に前庭とトランクルームを兼ねたアプローチを配し、前面道路から奥へと伸びる心地よい路地空間を呈している。

❸ 各戸駐車＋各戸アプローチ

駐車区画を1カ所にまとめず各住戸ごとに配置し、各住戸の玄関をピロティ空間としてまとめることもできる（図2.15）。またそれぞれの駐車区画を2住戸ごとの共用階段と吹抜け空間に接続させ、特徴あるアプローチを形成することもできる（図2.16）。この場合前面道路から直接入庫させるため、都市部や交通量の多い幹線道路沿いでは実現できない場合もある。

❹ 建物に「ひき」を与える空間

前面道路との関係から道路斜線制限を受ける場合、整形ボリュームを得るべく間口からセットバックさせ駐車スペースとすることで、建物に「ひき」を与え、外部への圧迫感を低減させながら、自然なアプローチづくりに供する手法もある（図2.17）。またこのとき駐車スペースの舗装を工夫することで路面景観の形成にも繋がる。

❺ 地下駐車場のメリット

地下駐車場の最大のメリットとは、敷地を目いっぱい使って住棟計画が可能になる点である（図2.18）。このとき地下駐車場内が陰鬱な空間とならないよう、パティオに向けてトップライトを設けたり、1階エレベーターホールと縦に繋がる断面計画を考えるのもよい（図2.19）。

図2.12　間口長さ・接道条件からみた配置の典型

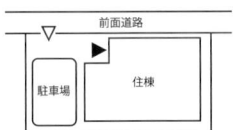
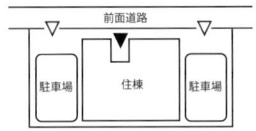

A：間口が広い敷地
車両進入口とアプローチを分けることができる。その際エントランスは駐車場の使い勝手を考慮した位置と向きを考えるか、別に通用口を設けるなどする。

B：さらに間口が広い敷地
両側に駐車場を設けることがあるが、この場合、中廊下型住棟のバルコニーを両側に向け、駐車場への自然監視を向けるように工夫する。

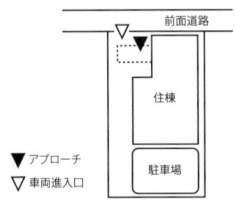

C：間口が狭い敷地
車両進入口とアプローチ動線が重なるが、手前に車寄せ等を設けることで買い物帰りの荷下ろしなどの際、使い勝手がよい。

D：2面接道の敷地
アプローチを2方向からとることができる。駐車場からのアクセスに配慮するならば別に通用口を設けるか、地下駐車場とすることが多い。

図2.15　ピロティによる各戸駐車と各戸アプローチ（白石市営鷹巣住宅／北山恒＋architecture WORKSHOP）

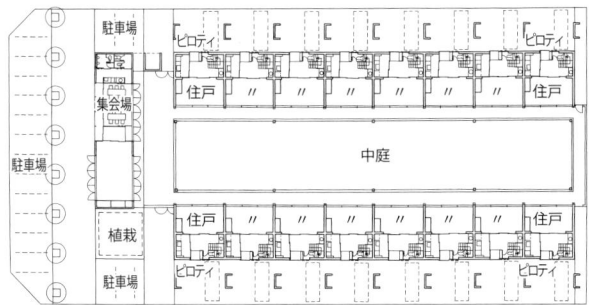

1階平面図

図2.13　敷地の形状を生かした路地空間の形成（代田の切通し／古谷誠章／NASCA）

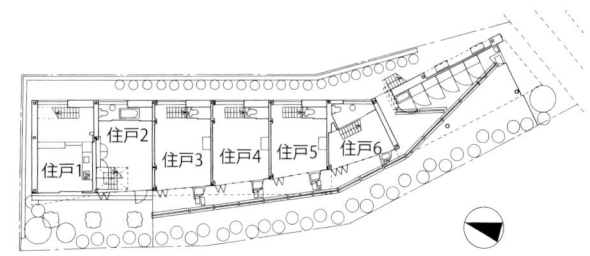

1階平面図

図2.14　敷地形状に沿った住棟配置（プラウドジェム幡ヶ谷／設計組織ADH）

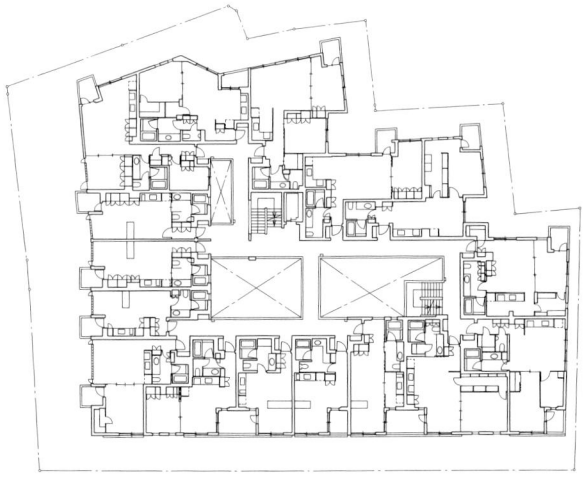

2階平面図

❻ タワー型＋公開空地＋セミプライベートガーデン

大規模集合住宅の建設にあたっては、総合設計制度の適用を受け、敷地の一部を空地として公開する必要があるが、住棟ボリュームをタワー型にし、要求以上の空地を隣接して確保することで、セミプライベートな緑地を含めた総合的なランドスケープを形成することもできる（図 2.20 ①）。

❼ 歩車分離による「顔」づくり

多面接道の敷地の場合、裏手に車両進入路、表にメインアプローチを配し歩車分離の計画にすることもできる（図 2.20 ②）。また駐車場を裏手に、住棟を表に寄せながら、エントランスホールを一部低層分節させてアプローチ空間と繋げるなど、建物の「顔」づくりに配慮した配置が考えられる（図 2.20 ③）。

図 2.16　吹抜け空間と接続した駐車スペース（SOLANA21／北岡デザイン事務所）

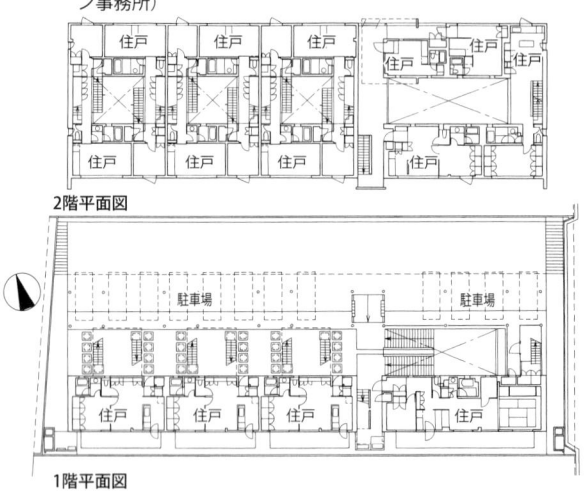

図 2.17　建物に「ひき」を与える駐車場（seijo・6／横河健／横河設計工房）

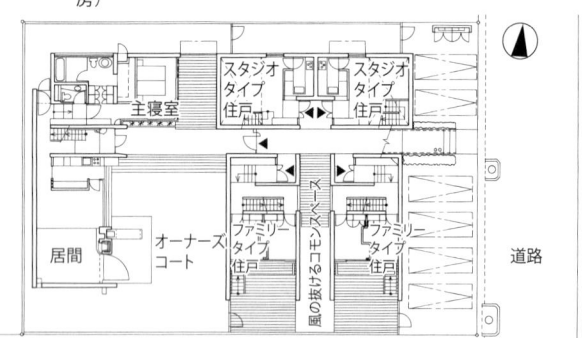

図 2.18　地下駐車場による敷地の有効活用（platform／千葉学建築計画事務所）

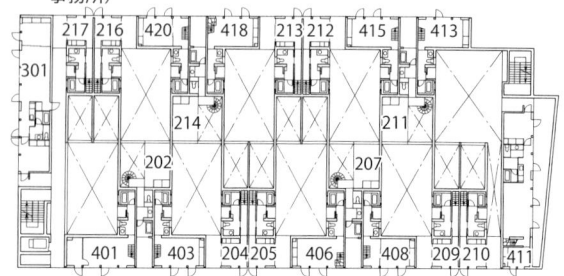

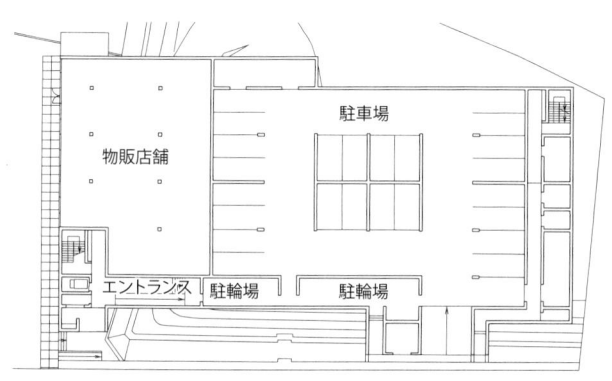

図 2.19　地下駐車場の断面計画（ZEPHYRHILL／石橋清志建築設計事務所）

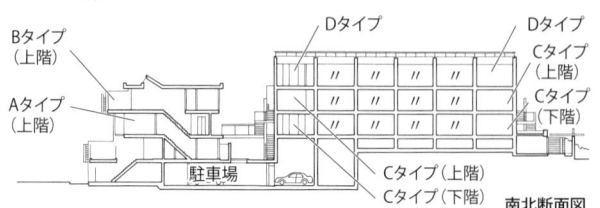

図 2.20 ①　公開空地とセミプライベートガーデンの連接

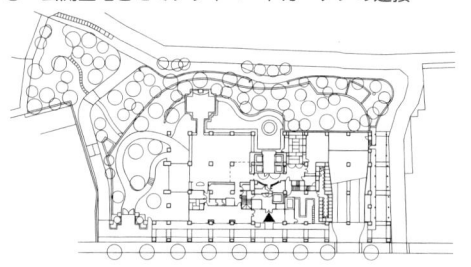

② 多面接道を生かしたエントランスづくり-1

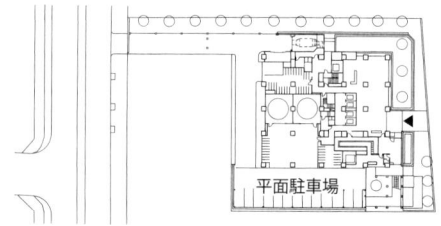

③ 多面接道を生かしたエントランスづくり-2

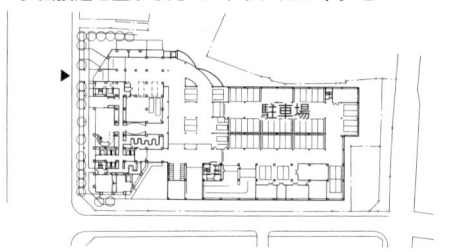

2.5「住棟」をデザインする

❶ 並べ方・積み方のデザイン

各住戸を平面的に並べたり、断面的に積み重ね、アクセス方法や住戸の向きなどを考えながら必要な世帯数を構成していく（図 2.21）。一般的な片廊下型、中廊下型は共用廊下を直線的に伸ばすことで住戸数を増やすことができるが、単調な板状ボリュームになる。また階段室型ではコア 1 本につき接続できる戸数に限りがあるため、住棟全体をいくつかの小さなクラスタで構成し、さらにそれらを繋ぐ上位の共用空間やコモンスペースを設ける。軒高一定のうちに積層方法や各階の階高を操作することでも、アクセスの向きやコモンスペース、住戸そのものの室内計画にも変化をもたらす。また、複数の片廊下型を組み合わせることによっても多彩な相互関係をつくり出すことができ、屋外共用空間などと合わせることで興味深い住棟デザインとなる。

❷ オープンかつプライバシー重視の並べ方

プライバシーや生活視線がお互いに交錯しないよう、各住戸のリビングやオープンな吹抜け側を外側に向けて

図 2.21 住戸の並べ方・積み方のバリエーション

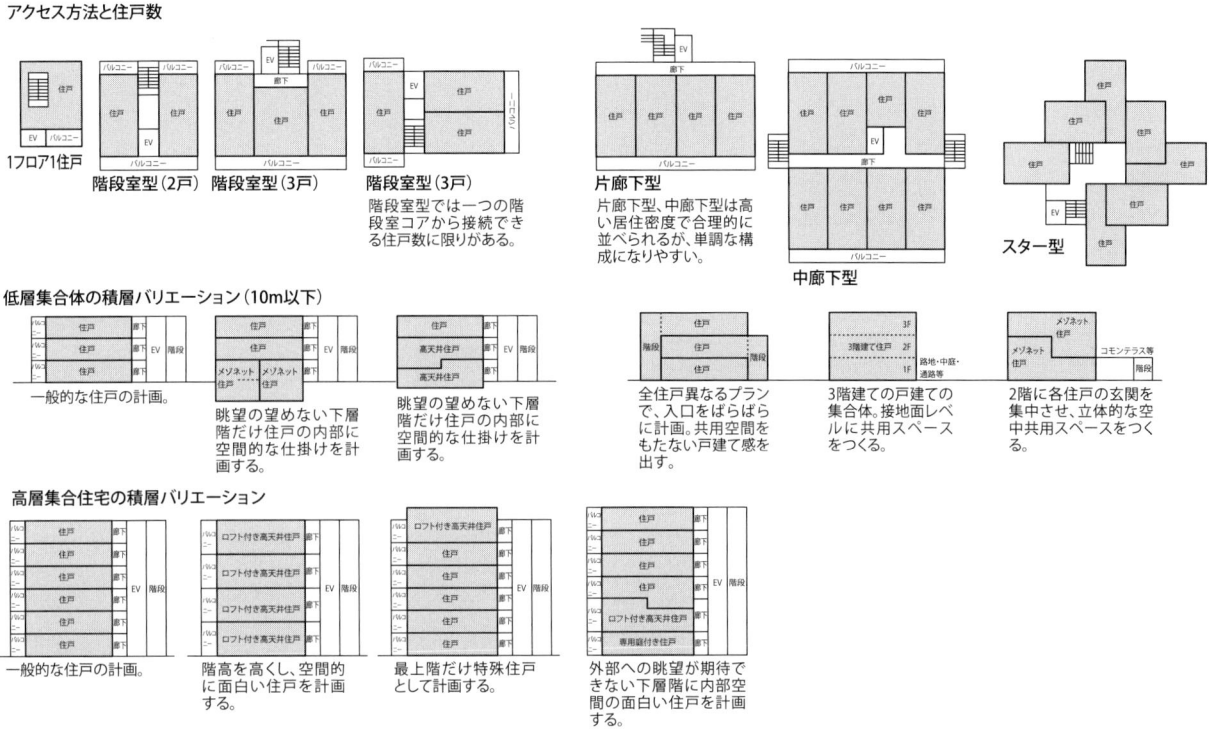

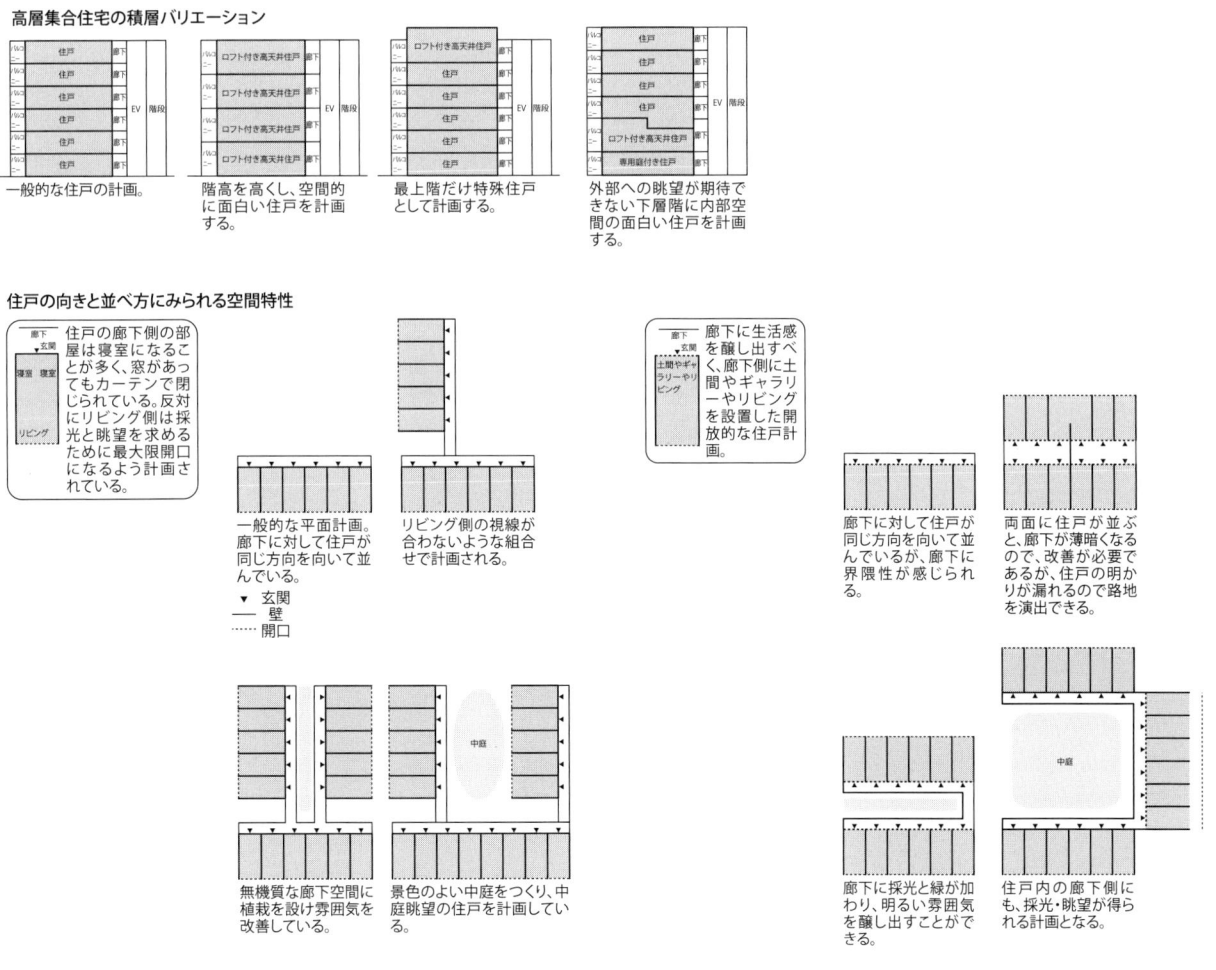

設計・計画　31

並べたり、廊下側に3方向囲まれた屋外空間が生まれ、内向きにも眺望条件が向上する並べ方がある（図2.22〜2.23）。

❸ 角度をつけて並べる

斜面地の等高線に対して斜め45度の角度をもたせながら住戸ユニットを並べた事例である（図2.24）。これにより各住戸とも3居室に採光と眺望を確保している。また屋外共用通路から隣り合う住戸へは半層分上がり下がりさせることで通路空間との領域区分を行っている。

❹ 地形に沿って積む

急斜面の土地に沿って住戸ユニットをセットバックさせながら積層させ、地形の変化に合わせて大小のルーフテラスや路地的な通路が出現し、全体で一つのビレッジを呈している（図2.25）。

❺ ブロックとして組み合わせる

異なる形状のブロックを高密に積み重ね、全体へのアクセスを考慮しながら共用部空間で繋いだ構成概念を示している（図2.26、事例：川口交差住居。p.54〜55）。同様のブロック積層により、随所に立体的な隙間を設け自然換気と採光を得ると同時に、住戸間の緩衝空間や住棟内のコモンスペースとしても機能している事例もある（図2.27）。

図2.22　視線交錯に配慮した住戸配置（FH-南品川／スタジオ建築計画）

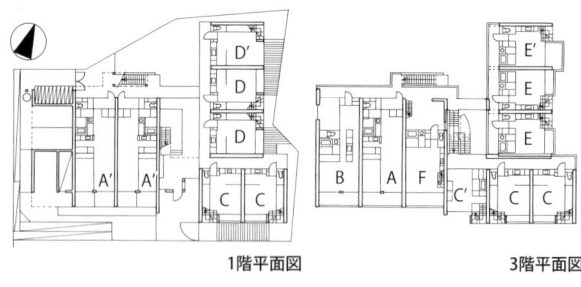

図2.23　3方向に開いた住戸配置と中庭空間（都営多摩ニュータウン南大沢団地／東京都、槇総合計画事務所）

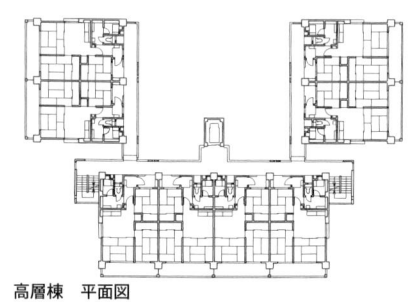

図2.24　角度をつけた住戸配置（桜台コートビレジ／内井昭蔵建築設計事務所）

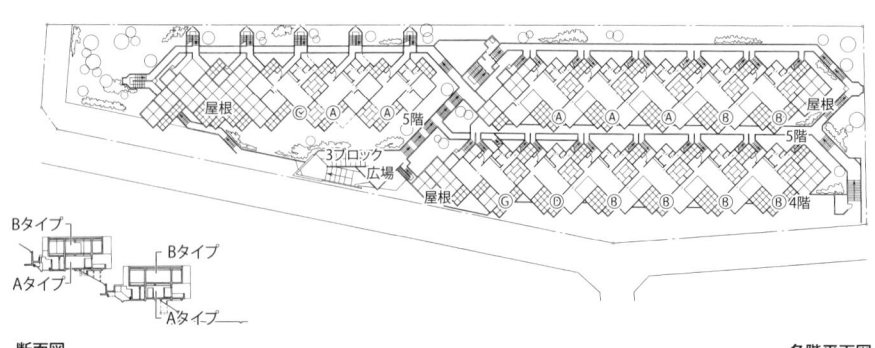

図2.25　地形なりの住戸積層（六甲の集合住宅／安藤忠雄建築研究所）

図2.26　立体積層による高密度集合（川口交差住居／アーキテクチャー・ラボ）

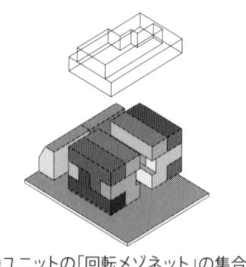

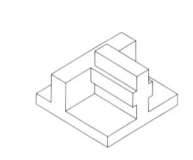
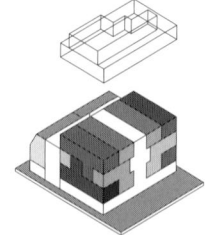

10ユニットの「回転メゾネット」の集合　＋　補集合として空間化された共用部　＝　高密度なボリューム

図2.27 快適な隙間の形成（スペースブロックハノイモデル／小嶋一浩）

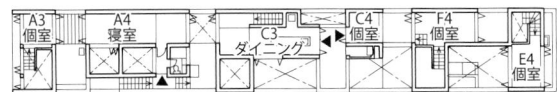
4階平面図

3階平面図

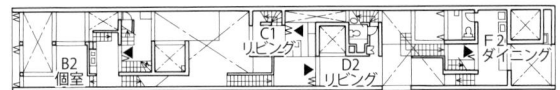
2階平面図

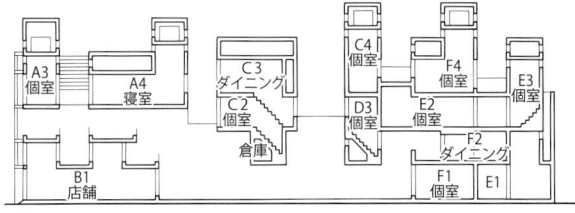

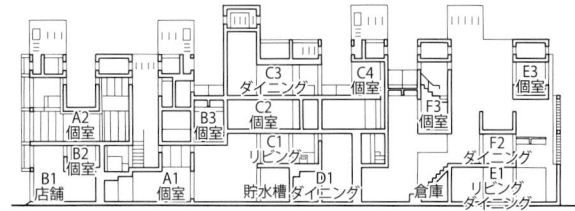
断面図

2.6 「住戸」をデザインする

　企画で描いた住まいのコンセプトを最も強く具現化するのが、住戸の間取りやその空間の質である。まずは安全で快適な生活を送るための最低限の知識を知っておき、設定したライフスタイルに合わせて少しずつエスキスをすすめるとよい。

❶ 住戸設計にかかる規定・基準など

　居室の設計には、明るく衛生的な住環境を長期にわたって維持するための基準が規定されている（表2.4）。また住生活基本法では都市居住型および一般型誘導居住面積水準を設け、世帯人員ごとに標準的な延べ床面積を算出できるようにしている。表2.5は近年の目安である。階段や斜路の各部寸法は快適さを保つように勾配基準によって決められている（図2.28）。また住宅では効果的な環境光を取り入れるため、様々な窓の種類とその開閉方法が考えられている（図2.29）。

❷ 住戸ユニットと間取りのバリエーション

　ごく一般的な定型住戸ユニットであっても、設定したライフスタイルに合わせていくらでも間取りを工夫することができる。専用庭テラスを拡張利用する案も検討可能である（図2.30～2.31）。

❸ 脱nLDK発想の前に

　自由な発想をもって住戸をデザインする際は、生活

表2.4　住宅の居室にかかる規定

適用対象	内容
採光	・〔採光に有効な開口部の面積/居室の床面積〕≧ 1/7 ・ふすま、障子などで仕切られた2室は1室とみなす ・地階に設ける居室および用途上やむを得ない居室（住宅の音楽練習室等）にはこの規定は適用されない
換気	・〔換気に有効な開口部の面積/居室の床面積〕≧ 1/20 ・上記を満たせない場合、政令で定める技術的基準に適合する換気設備を設ける ・ふすま、障子などで仕切られた2室は1室とみなす
天井高	・天井の高さ ≧ 2.1m ・1室で天井高さが異なる場合は、平均の高さ〔居室の容積/居室の床面積〕による
床高	・最下階の床が木造の場合（床下をコンクリートや防湿フィルム等で防湿処理したものを除く）、直下の地面から床の高さ ≧ 45cm ・床下に換気に有効な開口部を設ける
シックハウス対策	・クロルピリホスを含有する建築材料の使用の禁止 ・ホルムアルデヒドを含有する建築材料の、内装仕上げに使用する面積の制限 ・ホルムアルデヒドを含有する建築材料の、内装仕上げに使用する面積と室内空間の容量より算出する必要換気量以上の換気を常時維持（24時間換気と呼ぶ）
地階における居室の防湿	・地階に設ける居室は、政令で定める技術的基準に従って、壁および床の防湿措置を講じなければならない
共同住宅の界壁の遮音	・各住戸の界壁は、政令で定める技術的基準に適合する遮音性能を有する仕様（構造）のものとする ・準耐火構造とし、小屋裏または天井裏に達すること

表2.5　世帯人数と室構成・面積の目安

世帯人員	室構成		住戸専用面積（壁芯計算）（m²）	
	都市居住型	一般型	都市居住型	一般型
1人	1DK	1DKS	37	50
1人（中高齢単身）	1DK	1DKS	43	55
2人	1LDK	1LDKS	55	72
3人	2DK	2DKS	75	98
4人	3LDK	3LDKS	91	123
5人	4LDK	4LDKS	104	141
5人（高齢単身含む）	4LLDK	4LLDKS	122	158
6人	4LDK	4LDKS	112	147
6人（高齢単身含む）	4LLDK	4LLDKS	129	164

シーンの領域形成についても知っておく。部屋の広さ感や雰囲気などは、家具の配置や他者との距離感などによっても決まる。居室内の家具の配置と集いの領域や、会話に集中する際の広がりと場の共有感をもたらす広がりが図からわかる（図2.32～2.33）。また平面計画と座のパターンによって集いの場の印象が変わることや断面計画と対人距離によって領域の性格づけがされることが表よりわかる（表2.6～2.7）。

❹ 住まい方・使い方を考えさせる間取り

最近では、これまでの定型間取りから抜け出すべく、「脱nLDK発想」を唱えた多彩な住戸デザイン事例が多くみられるが、自由で突飛な間取りやデザインの中にも、よくよく読み解いてみるとそれらの図面から様々な日常生活シーンが自然に想起される。図2.34は水まわりコアとU字型に連続する空間をF字の生活動線で繋いだ事例であるが、家具やその配置が及ぼす生活動線を設計段階から十分検討することにより、住まい手に住まい方や使い方を自由に考えさせる余地を与えることができる（事例：LiF。p.66）。

❺ 異空間ボリュームに描く新しい住まい方

各居室の空間の大きさやデザインを、そこで必要な機能から考えるのでなく、「この空間だからこそできる生活」を狙ってデザインされた事例もある。図2.35の事例では天井高2.9mの広いバスルームとキッチンを備えており、これらは他の居室と等価に扱われることで、全く新しい使い方を住まい手に工夫させる可能性をもっている。

❻ 生活の気配を伝えるガラスファサード

隣同士あるいは都市との繋がりの中で考えられた住戸デザインもある。前面道路および隣接住戸に開いたガラスファサードは、プライバシー重視の都市型生活スタイルの中にあって、そこに住む人々の気配を生活の明かりを通して見せることで、無機質なガラスの表情を温かなものに変換している（図2.36）。

図2.28　階段・斜路などの勾配算定

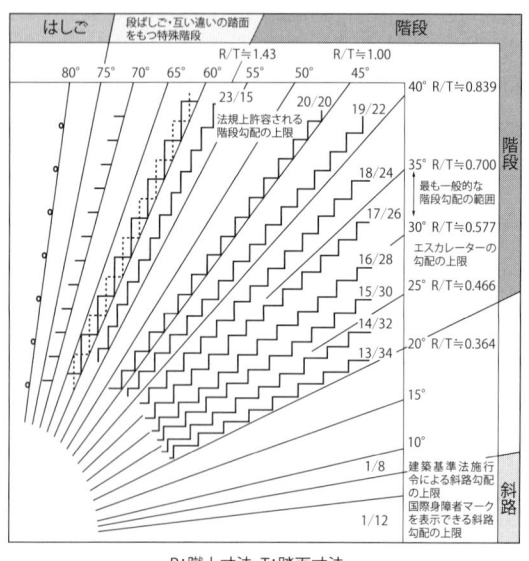

R:蹴上寸法、T:踏面寸法

図2.29　窓の種類と開閉方法

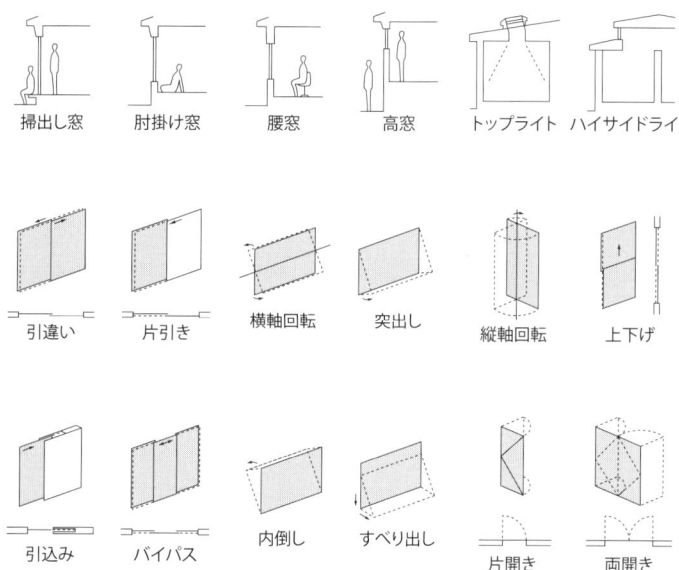

図2.30　定型住戸ユニットの間取り変更

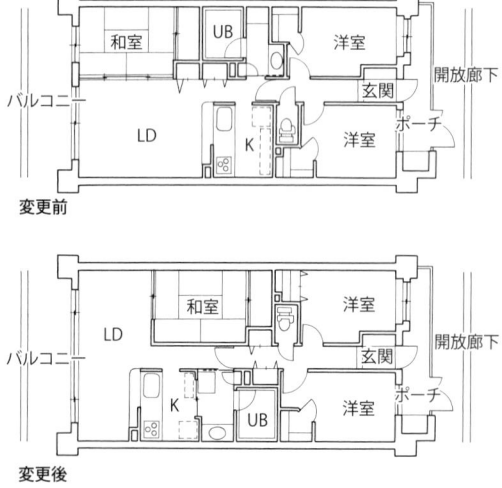

図2.31　テラス付き住戸デザインのバリエーション例

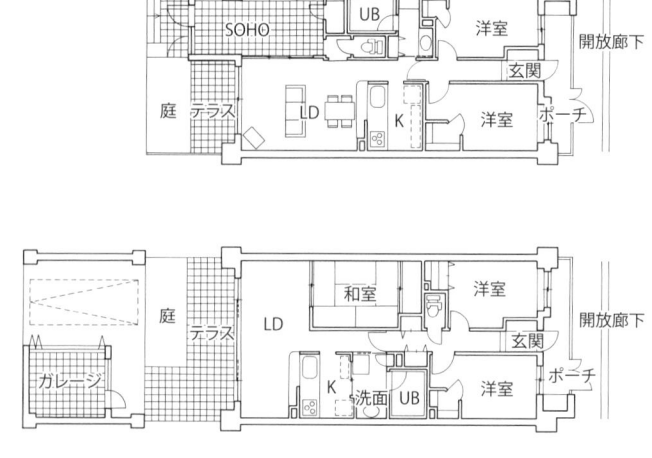

表2.6　集いと居室の平面計画

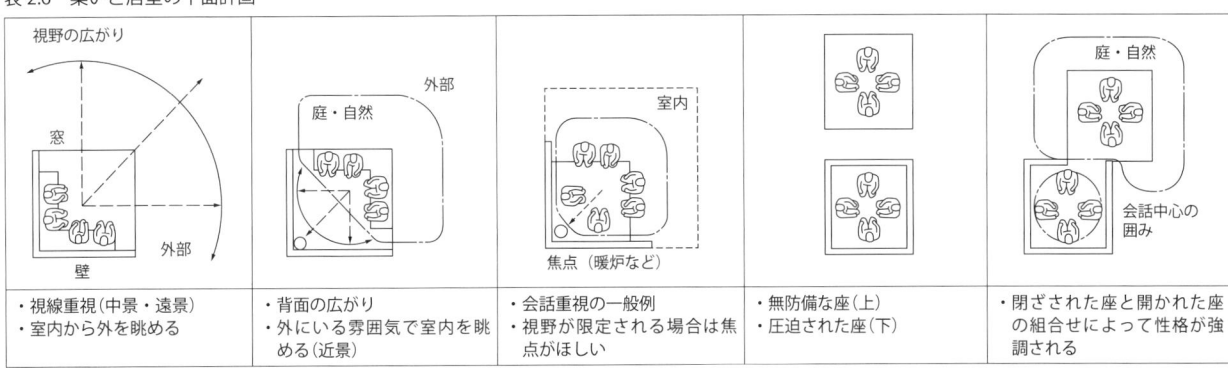

- 視線重視（中景・遠景）
- 室内から外を眺める

- 背面の広がり
- 外にいる雰囲気で室内を眺める（近景）

- 会話重視の一般例
- 視野が限定される場合は焦点がほしい

- 無防備な座（上）
- 圧迫された座（下）

- 閉ざされた座と開かれた座の組合せによって性格が強調される

表2.7　集いと居室の断面計画

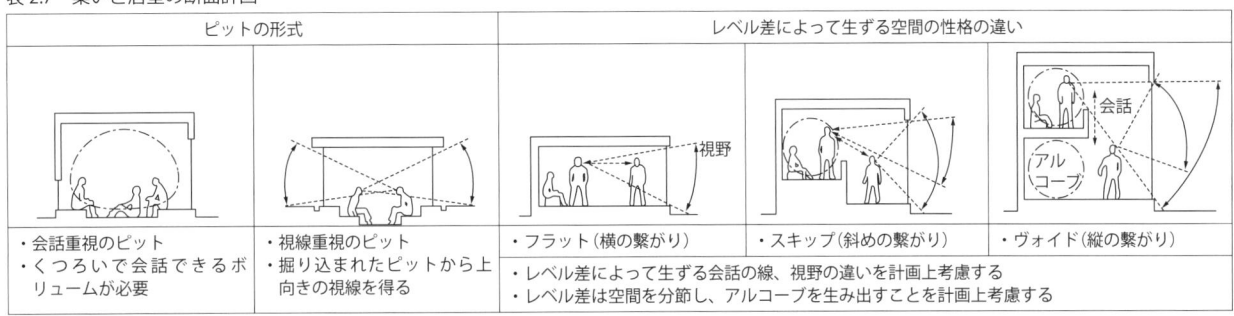

ピットの形式		レベル差によって生ずる空間の性格の違い		
・会話重視のピット ・くつろいで会話できるボリュームが必要	・視線重視のピット ・掘り込まれたピットから上向きの視線を得る	・フラット（横の繋がり）	・スキップ（斜めの繋がり）	・ヴォイド（縦の繋がり）
		・レベル差によって生ずる会話の線、視野の違いを計画上考慮する ・レベル差は空間を分節し、アルコーブを生み出すことを計画上考慮する		

図2.32　居室内の家具配置と会話領域

図2.33　くつろぎのシーンにみられる二重の広がり

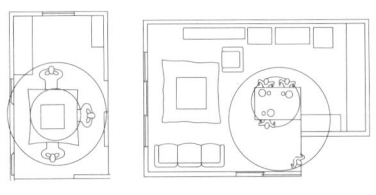

図2.34　住まい方・使い方を考えさせる間取り（LiF／鈴木恂+AMS／内木博喜、高柳英明）

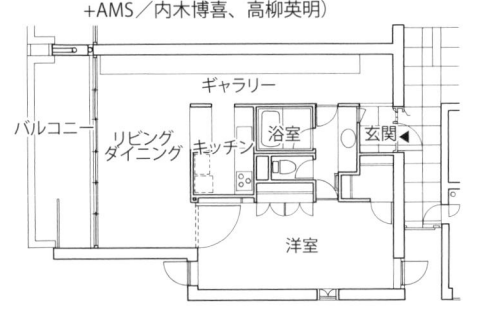

図2.35　異空間ボリュームの付与（船橋アパートメント／西沢立衛建築設計事務所）

3階平面図

図2.36　人の気配を感じさせるガラスファサード（洗足の連結住棟／北山恒+architectureWORKSHOP）

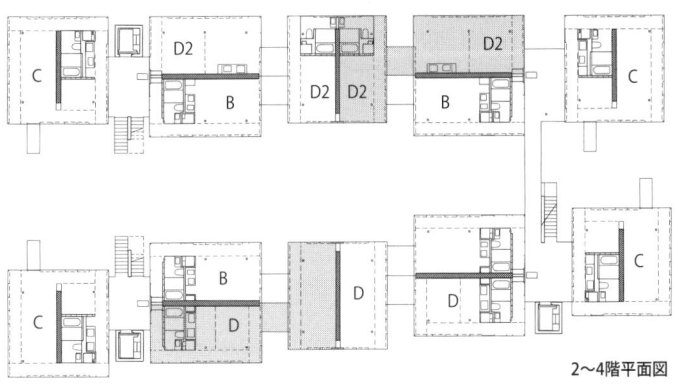

2〜4階平面図

設計・計画　35

2.7 「屋内の共用空間」をデザインする

❶ 屋内の共用空間・要素
集合住宅は戸建て住宅と違い、集まって住むために必要なものを共用の空間要素として計画しなければならない（表2.8）。また、隣り合った住戸同士の緩衝空間やアルコーブ、自然な近隣関係を促すコモンテラスなどを設けることも考えてみる必要がある。トランクルームなどを1カ所にまとめて配置する場合は、建物全体でみて使いやすい位置に設置する（図2.37）。

❷ エレベーターホールのエスキス
階段室型住戸配置などでは、基準階ホールのエスキスは重要であり、玄関前プライバシーを優先するか、日常的に使うエレベーターを階段室を含めたデザインで象徴的に見せるかなど、計画的・意匠的な検討を重ねる必要がある（図2.38）。

❸ 全体を共用階段のヴォイドで繋ぐ
採光や通風、眺望を全住戸に確保するため、地上から浮き上がった住棟の中心に共用階段を通し、ピロティから階段室吹抜けを経て各住戸のテラスへと抜けるヴォイドを形成することにより、豊かな一体感が出る（図2.39）。また、シリンダーヴォイドの内側に共用階段を二重螺旋状に配し、安全計画で定められた2以上の避難経路に対応させながら住棟の中心にシンボリックな巨大空間を形成している事例もある（図2.40）。

❹ コモンテラスで住棟を明るくする
コモンテラスを置くことにより、暗くなりがちな中廊下に採光・通風が確保できる（図2.41）。また上層の吹抜け空間に空中庭園を設けることで、中央の垂直方向に貫通する大きな吹抜けと連接しながら、棟内全体を明るく照らすことができる（図2.42）。

❺ 折返し階段の仕組みを生かす
半層ずつ折り返す階段の仕組みをそのまま各階レベルのずれとして生かし、対向した2住戸のプライベートテラスを立体的に繋ぐことで、共用空間をもちながらも住戸間プライバシーをコントロールできる（図2.43）。

表2.8 屋内の共用空間の要素例

要素	機能・仕様など
エントランスホール	本表に示す以下の多くの要素を含むため、建物の中心的な空間となることが多い。ゆえに十分な広さを要する。
住棟玄関扉	セキュリティゲートあるいはオートロック式自動扉であることが多い。解錠は集合玄関機で行う。
集合玄関機	インターフォンとエントランス扉のセキュリティロックの解錠などを兼ねる。物理キーやノンタッチカード式、暗証番号入力式などがある。
メールボックス	集合郵便受けのこと。ダイヤル式・デジタル式のキー付きのものが多い。またエントランス内外を挟んで外から投函、内側から取り出す方式もある。
宅配ボックス	不在時の配達にも対応できるよう配達票に暗証番号を印字する機能を備えたものが多い。
ロビー	来客などを迎えたり待たせておくスペース。
エレベーターホール	各階のエレベーター昇降口前の空間。共用廊下を兼ねる場合もある。
エレベーター	身障者対応のものやエレベーターシャフトのみで独立した防火区画のとれる仕様のものもある。
共用階段	蹴上、踏面寸法、勾配、階段幅などは安全計画で規定される。
共用廊下	各住戸にアクセスするための日常動線。通路幅や仕様は安全計画で規定される。
避難階段	安全計画上、2以上の避難経路を確保するために設けられる場合もある。
管理人室	管理人の詰め所となる部屋。
集会室	分譲集合住宅などでは管理組合の会議を開く場として用いられる。また棟内居住者のサークル活動やキッズスペースを兼ねる場合もある。
ゲストルーム	居住者のゲストを招いて宿泊させることができる部屋。大規模分譲集合住宅に多くみられる。

図2.39 ピロティ・テラスを繋ぐ共用階段（調布のアパートメント／石黒由紀建築設計事務所）

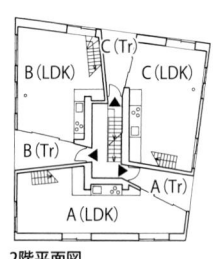
2階平面図

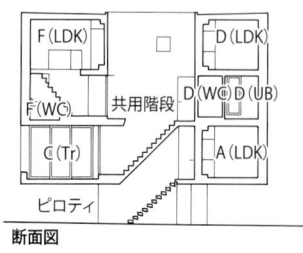
断面図

図2.37 エントランスホール

集合玄関機と玄関扉

ホールに連接したトランクルーム

図2.38 エレベーターホールのエスキス

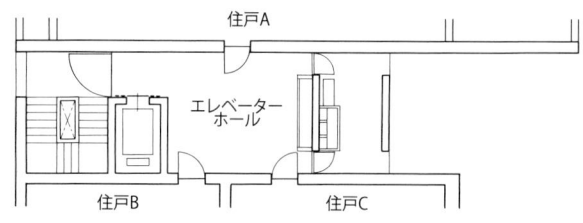

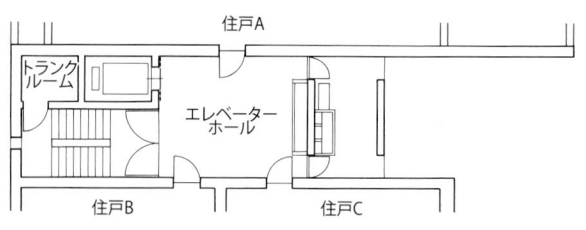

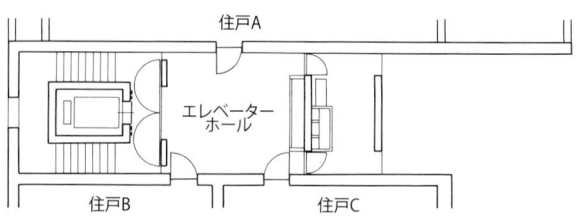

図2.40　シンボリックな空間としての階段室　ダブルスパイラル階段（FLEG池尻／谷内田章夫／ワークショップ）

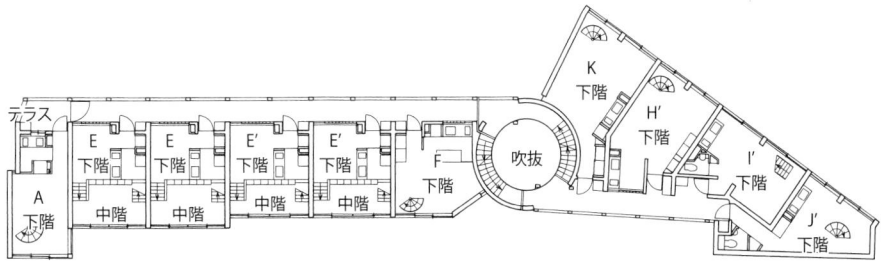

3階平面図

図2.41　中廊下とコモンテラス（東雲キャナルコートCODAN／山本理顕設計工場）

図2.42　空中庭園としてのコモンテラス（平成ドミノ・堺／横河建／横河設計工房）

7階平面図

6階平面図

断面図

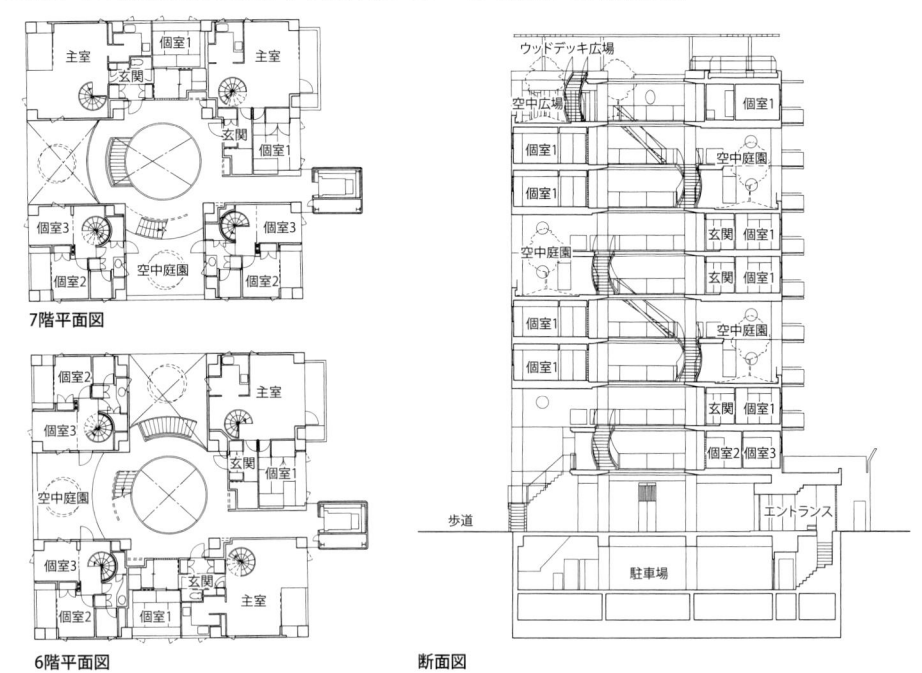

図2.43　プライベートテラスを半層ずらす共用階段（STEP／谷内田章夫／ワークショップ）

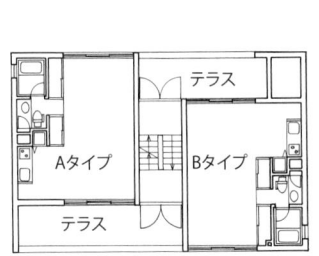

2階平面図

断面図

【コラム】

賃貸集合住宅とレンタブル比

賃貸型の集合住宅では、竣工後の事業性を十分考慮して事業計画を考える必要があるが、建物規模を決定づける指標として「レンタブル比」というものがある。これは全体の床面積に占める賃借可能な面積（全戸分の専有面積の合計）の割合を示しており、一般的には建物規模に応じて75〜85%程度である。

例えば、建物全体の仕様が同じならば、単純に言えばレンタブル比が高いほど月々の家賃収益が増す。逆にロビーやエレベーターホール、廊下や吹抜けなど、人に貸せない空間を増床すれば、レンタブル比が下がり収益は低下する。しかし住み手の感じる住居としての質は、ドライな事業指標だけでは創り出せない。レンタブル比が若干低くても、ゆったりした共用空間を提供することでデザイン的にも空間的にもプラスアルファの価値を付加することもでき、またそのぶん賃料を高く設定することも可能である。住み手にとっては、住戸部分も共用部分も含めてひとつながりの住まいなのである。

設計・計画

2.8 「屋外の共用空間」をデザインする

❶ 屋外の共用空間・要素

屋外（地下を含む）の共用空間や要素の一例を表示する（表2.9）。ごみ置き場は回収作業を考慮して道路に近い場所に置かれることが多く、公開空地は前面道路に接して外部から自由に出入りできるようにデザインする。また、アプローチ通路と共用デッキテラスを繋いで視線の抜けを確保した例もある（図2.44）。さらに団地計画などの住宅地内車路に関しては、ボンエルフ道路（シケインやクランクのある道路）で速度を制御したり、クルドサック（袋小路）によって外部車両の進入規制を行うなど、事故防止の工夫が必要である（図2.45）。

❷ 生活の中心に屋外を取り込む

小規模ながら、庭先や空の景色を鮮やかに切り取り、袋状の共用階段の空間に取り込んだり、ひとまとまりの敷地をいくつかに分割するなどして、小さな長屋の棟を群島状に配置し、中庭やギャラリーを効果的に挿入することで、居心地のよい屋外共用空間をつくることができる（図2.46～2.47）。

❸ アプローチを面白くする法規上の「長屋」

各戸に個別アクセスをとり、低層に抑えることで、建物を法規上の長屋として扱うことができる。その際、玄関の位置や窓先の空地を自由にとることができ、変化に富んだデザインが可能となる（図2.48～2.49）。また、玄関前を居心地のよい路地空間とし、接地性を生かして多彩な外部空間として活用できたり、中央の路地を敷地外アプローチ道路の幅に合わせることで、あたかもそのまま街が差し込まれたかのような雰囲気を呈することも可能である（図2.50～2.51）。

表2.9 屋外の共用空間の要素例

要素		機能・仕様など
前庭		大規模計画の場合、総合設計制度上の公開空地として遊歩道や緑地として設置を義務づけられる場合もあり、半公共的なオープンスペースとして緑化等の工夫をする。
アプローチ		前面道路とエントランスを繋ぐメインの動線となる。ベビーカーや車椅子、トランクケースや台車などにも配慮し平滑な仕上げとする。
車両進入路		駐車場までの車路であり、車両が無理なく転回できるようにする。地下駐車場などの場合タッチレスキー、バリカー等のセキュリティゲート式を採用する場合もある。
駐車場	自走式駐車場	車両の大きさを2×5mとし、一区画2.5×5mのサイズとする。自走転回のための車路の幅は6mとる。
	機械式駐車場	一番多い駐車場の種類。1基当たり2.5×5mのサイズに2～3台分のパレットが油圧・電動によって上下する。
	地下駐車場	リモコン操作のシャッター付きあるいはICカードリーダーによるバリカーでセキュリティ対策をしているケースもある。
	タワーパーキング	タワー型集合住宅に同じくタワー型として設置されることが多い。接地階にターンテーブルや転回スペースが必要な場合もある。
駐輪場		自転車やバイクを置くため日常的に使うが、景観・美観配慮から通用口などを通じて建物の裏側に設置されることが多い。平置き式の場合、一区画0.5×2mとし、自走路の幅を2mとる。またスチール製ラックを用いた2段式などもある。バイク置き場に関しては、特に設置義務・規定はなく、計画ごとに判断し適切な広さを確保する。
ごみ置き場		分別集積など、自治体のごみ収集方法に従い十分な広さを確保する。
足洗い場		主に飼い犬の土足歩行によって共用部を汚さないよう足洗い場として設置される。
その他		ギャラリー、遊歩道、オープンデッキなど。

図2.44 屋外共用空間の配置例

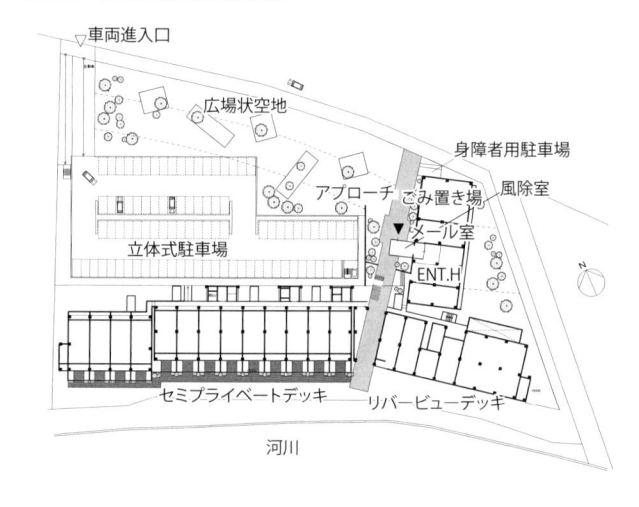

図2.45 住宅地内での車両通行制御の例（戸建て集合の場合）

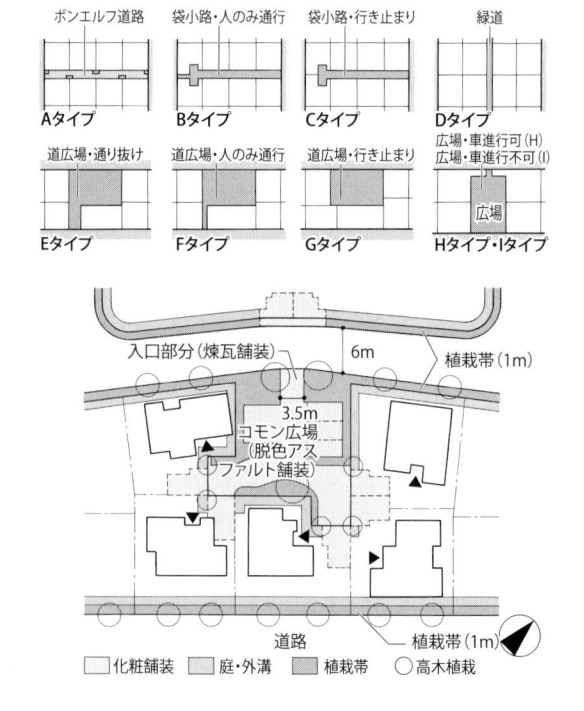

図 2.46 景色を切り取る屋外階段（Apartment なかなか／泉幸甫建築研究所）

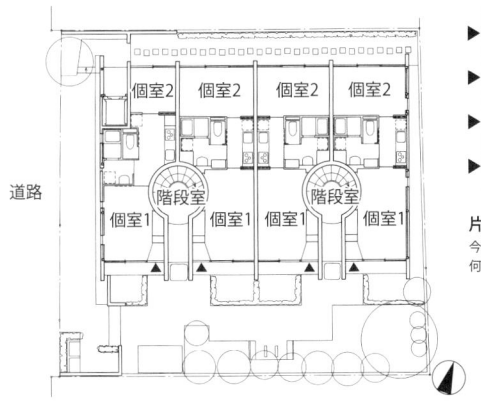

図 2.48 長屋形式のバリエーション

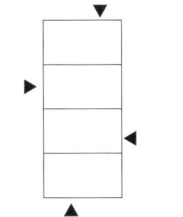

片側アクセス
今まで通り並べただけ。何か工夫がほしい。

ばらばら
アクセス位置・向きが全くばらばら。立面的にも表情豊か。

共通の路地空間
中庭や路地空間と連接した豊かなアプローチ空間。

図 2.47 豊かな路地・中庭空間の形成（Apartment 鶉／泉幸甫建築研究所）

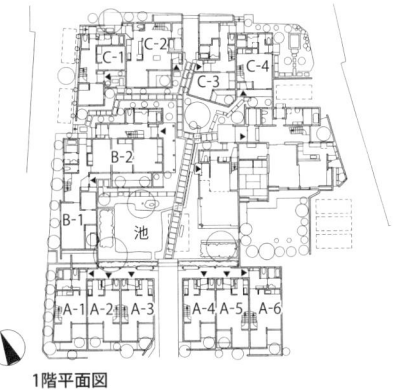

図 2.49 入口がばらばらの長屋（egota house A／坂本一成研究室＋アトリエ・アンド・アイ）

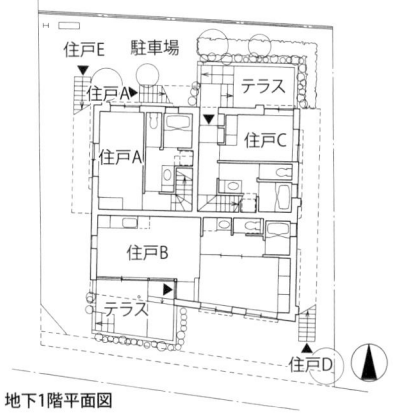

図 2.50 路地としての通路空間（slash／kitasenzoku／空間研究所）

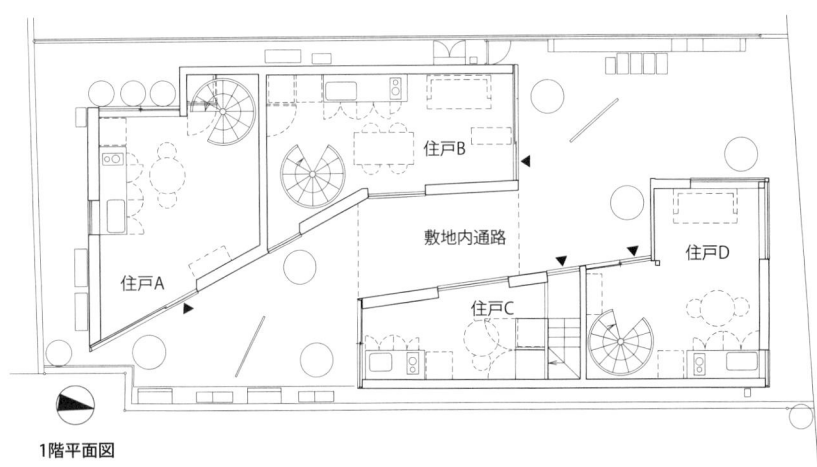

図 2.51 街をそのまま取り込んだ路地（恵比寿の長屋／川辺直哉建築設計事務所）

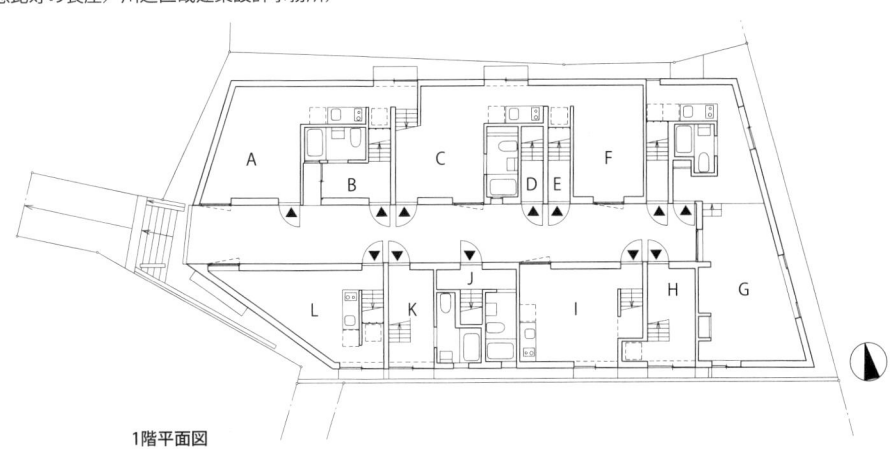

設計・計画 39

2.9 「景観」をデザインする

集合住宅における景観デザインには大きく分けて、水平景観と空中景観の二つの観点がある。水平景観とは、人の目の高さから水平方向に見える建物の足もとの印象に関係しており、外構や植栽を工夫することによって景観向上を図る。空中景観とは、離れた位置から見たとき、あるいは見上げたときに感じる建物の立面の印象に関係しており、特にバルコニーまわりのデザインに注意しながら周辺環境に対してどんな「顔」を見せるのかを工夫する。

❶ 領域の緩衝材としての植栽

賑わいのある前面道路に面した店舗棟を抜けて住棟に至るアプローチ脇にあしらわれた地被・低木による植栽は、パブリックな都市空間とプライベートな居住領域を自然に区分する緩衝材の役割をしている。植物は見ていて美しく、かつ歩行者にも優しい印象を与える（図2.52）。

❷ 隣地と繋がり水平景観を形成する

建物前面には、隣地の生け垣や舗道の植込みと呼応しながら、行き交う歩行者の目に優しく映る線的な水平景観を与えるとよい。また使用する樹木によっては、単に視覚的な印象向上だけでなく、イヌツゲ、ヒイラギなど常緑かつ硬質な葉と枝をもつ植物を選定することで、防犯効果も同時に期待できる（図2.53）。

❸ 表現する空中景観

大規模な板状建物を計画するとき、その立面の仕上げや色などを工夫することで、周辺環境に与える無機質な印象を軽減することができるが、あまり突飛なものはかえって景観破壊になるおそれがある（図2.54）。

❹ 隠す空中景観

住戸のバルコニーまわりは、エアコン室外機や給排気のベントキャップ、排水管や洗濯物など、雑多で見苦しいものが並んでしまう。それらを効果的に隠し、すっきりした立面を印象づける工夫が必要である。住戸内からの水平眺望を確保しながら、地上からの見上げに対しては視線をカットするスクリーンを設置することで、同時に室内に差す光の強さを適度にコントロールする役目も果たす（図2.55～2.56）。

図2.52 緩衝材としての植栽

図2.53 植栽で繋がる水平景観

図2.54 色彩による景観配慮

図2.55 空中景観を配慮したディテール

図2.56 視線・採光をコントロールするスクリーン

2.10 「複合」をデザインする

❶ 集合住宅の複合化

集合住宅における複合化は、分譲型と賃貸型の複合や、非居住のオフィスや商業店舗との複合など様々である。またホームオフィス向け住戸と一般住戸の共存に関しては、居住者以外の不特定多数が棟内に立ち入ることも考えられるため、セキュリティやコミュニティ形成に配慮した複合建築的なゾーニングが求められる。また特に商業店舗との複合化は、居住・非居住で利用形態が全く異なるため、通常は接地階付近に商業店舗を、上層階に居住層を配置し、それぞれ異なる動線をもって区分するのが一般的である（図2.57）。

❷ 複合による都市景観の形成

幕張ベイタウンなどの中庭型集合住宅では、総合的な街づくりガイドラインを受け、街路に向かって回廊空間を提供するとともに、主要街路に面する接地階に非居住（商業テナントやオフィス、スタジオ等）を配置することで、都市的な賑わいと活気をもたせている。またこの事例では周辺の街区全体で賑わいが線的に繋がっており、街の雰囲気そのものをかたちづくっている（図2.58～2.59）。

❸ 都市の立体街路としての複合

1・2階に店舗を、上層階に集合住宅を配した複合建築では、2階レベルではショッピングセンターや隣地建物と通路で連接させることがあり、都市の中にあって人の流れを定常的に呼び込む立体街路として機能している。また、各住戸にアプローチする階段やブリッジも中央のコンコースと立体的に交差しており、まさに他との関係の中で成り立つ、都市的かつ動的な複合ともいえる（図2.60）。

図2.57 接地階を店舗とした集合住宅事例（NAGOYA FLAT／クラインダイサムアーキテクツ）

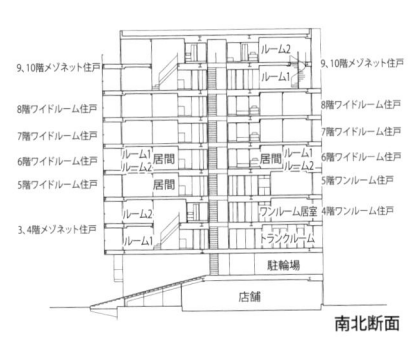

図2.58 複合による都市景観と賑わいの形成例

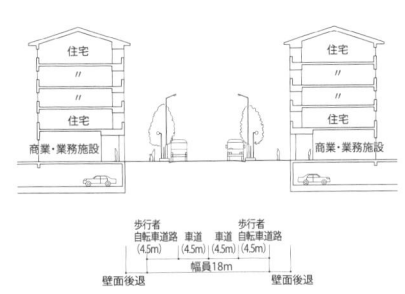

図2.59 幕張ベイタウン

図2.60 立体街路と複合化集合住宅（緑園都市・XYSTUS／山本理顕設計工場）

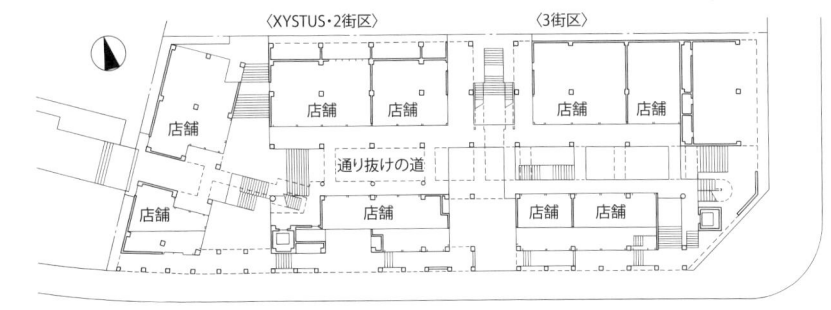

2.11 「構造」をデザインする

❶ 集合住宅の構造の概要

集合住宅では、高層ならばRC造（鉄筋コンクリート造）やSRC造（鉄骨鉄筋コンクリート造）が用いられるが、低中層ならば木造やRC造が一般的である。RC造にはラーメン構造、壁式構造、フラットスラブ、ボイドスラブなどがある。RC造の典型例と各部の仕様の目安を示す（図2.61）。

❷ 逆梁で窓との関係を操作する

超高層タワー型などでよく見られるが、梁をバルコニーの立ち上がりとして逆梁にすることにより、開口部

の成を高くとることができ、ハイサッシュなどの取付けが可能となる（図2.62〜2.63）。同様の方法としては、バルコニー側のみの梁を扁平梁とする事例もある（図2.64）。

❸ 一見して柱・梁なしラーメン構造

RC造のうち、近年では床スラブや壁の内側に鉄筋とともに密閉スパイラル鋼管やウレタンフォームを充填し、扁平した柱・梁をそれぞれ壁厚・スラブ厚の内側にのみ込ませるボイドスラブ方式が多く見られるようになった。これにより高層集合住宅であっても柱型や梁を気にせず、自由な配置で家具レイアウトができるほか、上下階での防音・防振性も向上する（図2.65）。

❹ ちょっと低い階高で多彩な住戸形状

10m高度地区に建てるならば通常3階建てとなるが、1階の階高を2.2mとし、最下層住戸を2.1m（法規上有効な天井高2.1m以上）の天井高の居室と4.5mの吹抜け空間をもつメゾネット式とすることで4層分のボリュームを納めた事例もある（図2.66）。同じく軒高を10m以内に抑え各階の階高を2.6mとしながら、上下階で多彩に連接したメゾネット住戸を計画することもできる（図2.67）。

図2.61　RC造と各部の仕様

図2.62　梁の位置と開口部まわり

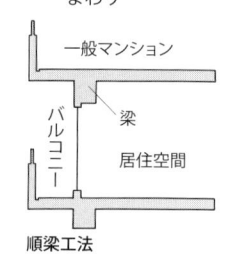

図2.63　逆梁を用いた超高層タワー型集合住宅

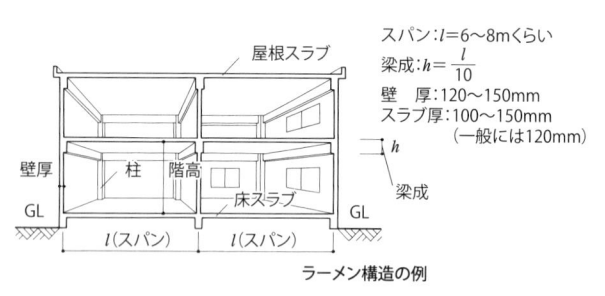

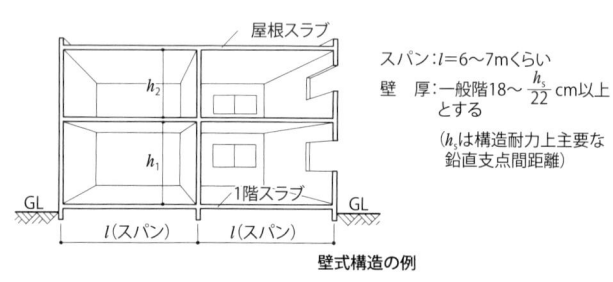

図2.64　扁平梁を用いた住戸事例

図2.65　ボイドスラブの配筋

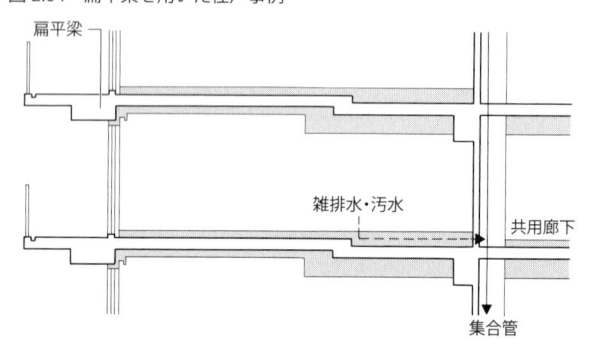

図2.66　天井高にメリハリのあるメゾネット住戸（altopiano／千葉学建築計画事務所）

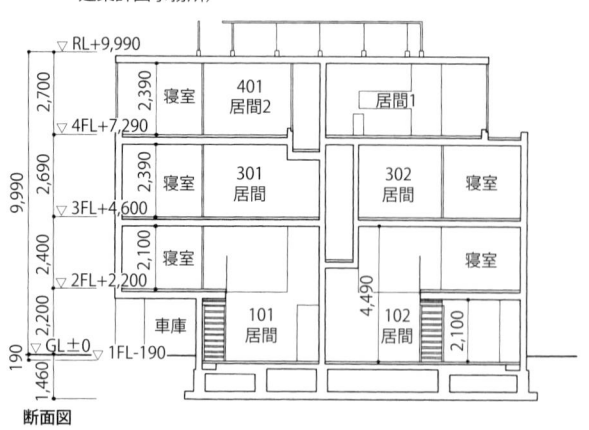

図2.67　上下連接した天井の低いメゾネット住戸（egota house A／坂本一成研究室＋アトリエ・アンド・アイ）

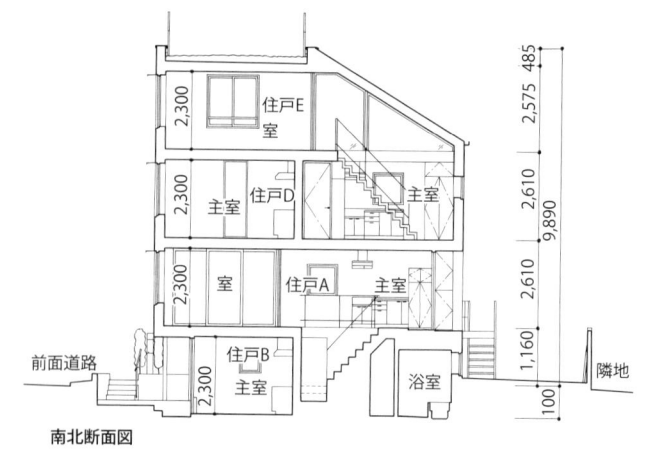

2.12 「安全」をデザインする

集合住宅は他の建物同様、建築基準法の単体規定において、火災時などに安全に道路まで避難できるよう、その性能の確保のために建物規模に応じて共用廊下や階段の各部寸法を規定している。

❶ 廊下幅の規定

共用廊下や通路などの幅に対する規定は表 2.10 の通りであるが、柱や障害物などがある場合はその内法寸法（有効幅）をとるので注意を要する。

❷ 階段の各部の寸法規定

共用階段の設計にあたっては、各部の寸法の規定を受ける（表 2.11）。

❸ 敷地内の通路の規定

敷地内の通路については、表 2.12 の通り、屋外避難階段または避難階の出口（エントランスや通用口など）から道路、公園、広場、その他の空地まで、幅員 1.5m の通路（屋根のないものを原則とする）を設けなければならない。

❹ 2 方向避難の原則

建物のどこで火災が起こっても、その場所を通らずに安全に棟外に避難できるよう、最低でも二つの避難ルートを確保しなければならない。これを受けて、建物の規模や仕様に応じ、直通階段に至るまでの距離と二つ以上の直通階段の設置に関して、図 2.68、表 2.13～2.14 に示す規定を受ける。

表 2.10 廊下幅の規定

廊下の用途	廊下の幅	
	両側に居室がある場合	その他の場合
共同住宅（住宅または住室の床面積の合計）>100m² の共用のもの	1.6m 以上	1.2m 以上

1) この規定は共同住宅の場合、住宅でも階数≧3 の建築物、採光上無窓の居室（建築基準法施行令第 116 条の 2 に規定）のある建築物、延べ面積＞1,000m² の建築物のどれか一つに適合するものに適用される。
2) 廊下の幅は通行可能な部分の幅（有効幅）とする。

表 2.12 敷地内の通路の規定

通路の種類	通路に対する適用条件	通路幅員などの規定
敷地内の通路	屋外避難階段または避難階の出口から道路・公園・広場その他の空地まで直通する通路	通路の幅員≧1.5m

1) この規定は共同住宅の場合、住宅でも階数≧3 の建築物、採光上無窓の居室（建築基準法施行令第 116 条の 2 に規定）のある建築物、延べ面積＞1,000m² の建築物のどれか一つに適合するものに適用する。
2) 避難通路は敷地の接する道路まで達していること。
3) 敷地内の空地（通路）について避難上の重要性から、地方公共団体の条例などでさらに厳しく規定されていることがある。共同住宅を計画する場合には、事前に調査をする必要がある。

表 2.11 階段の各部の寸法規定

階段の種類	階段の幅踊場の幅 L(cm)	蹴上 R (cm)	踏面 T (cm)	踊場位置	直階段の踊場踏幅 D (cm)
1	直上階の居室床面積の合計＞200m² の地上階用の階段	≧120	≦20	≧24	高さ≦4m ごと	≧120
2	居室床面積の合計＞100m² の地階または地下工作物内の階段					
3	1、2 以外および住宅以外の階段	≧75	≦22	≧21		
4	エレベーター機械室用の階段	規定なし	≦23	≧15	規定なし	規定なし
5	屋外階段 避難用の直通階段	≧90	蹴上、踏面の寸法などは、それぞれ 1～3 に定める数値に準ずる			
	その他の階段	≧60				

1) 階段および踊場の幅は、手すり等の幅が 10cm を限度として、ないものとみなして算定する。
2) まわり階段の踏面寸法は、踏面の狭いほうから 30cm の位置で測る。
3) 直階段（まっすぐに昇降する階段）の踊場の踏幅（D）は 120cm 以上とする。
4) 階段には手すりを設けなければならない。階段および踊場の手すりが設けられていない側には壁等を設けること。
5) 階段幅 3m を超える場合、中間に手すりを設ける。ただし、蹴上 15cm 以下、かつ踏面 30cm 以上の場合は不要。
6) 高さ 1m 以下の階段には、4)、5) は適用しない。
7) 階段の代わりに傾斜路にする場合は、勾配 1/8 以下、かつ表面は粗面仕上げとする。
8) 特殊建築物については各地方公共団体の条例などで、さらに規制されている場合がある。

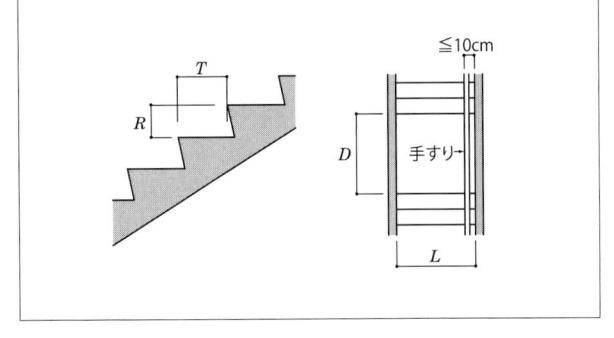

図 2.68　2 方向避難の原則

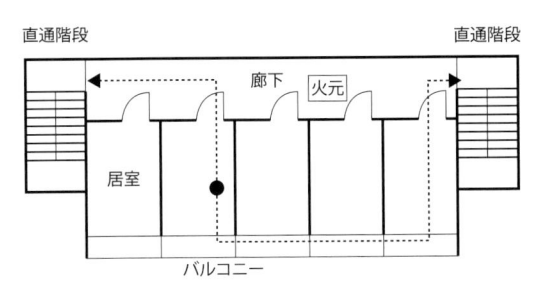

表 2.13　直通階段に至る歩行距離

居室の種類		構造	主要構造部が耐火もしくは準耐火構造または不燃材料	その他
共同住宅の主たる用途にする居室			50m 以下	30m 以下
14 階以下	居室および避難路の内装を不燃材料または準不燃材料としたもの		60m 以下	—
15 階以上	居室および避難路の内装を不燃材料または準不燃材料としたもの		50m 以下	—
	上記に該当しないもの（居室または避難路を不燃化しない）		40m 以下	—
※ 1　主要構造部が耐火構造または準耐火構造の 1 住戸が 2 〜 3 階のメゾネット式共同住宅			住戸の出入口のない階の居室の各部分（居室の一番奥）から直通階段の一つに至る歩行距離は 40m 以下とする	

1) この規定は共同住宅、階数≧ 3 の建築物、採光上無窓の居室（建築基準法施行令第 116 条の 2）のある建築物、延べ面積＞ 1,000m² の建築物のどれか一つにでも適合するものに適用される。
2) 上表の数値は居室の各部分（居室の一番奥）から直通階段の一つに至る歩行距離の限度、および避難階における階段から屋外への出口までの歩行距離を示す。
3) 直通階段とは、避難階以外の階から避難階または地上まで誤りなく容易に到達できる階段をいう。
4) 避難階においては、居室の各部分から屋外への出口までの歩行距離は、上表の数値の 2 倍以下とする。
5) ※ 1 の例を右図に示す。図中、A → B → C の歩行距離≦ 40m の場合、A の階に直通階段が通じていなくてもよい。

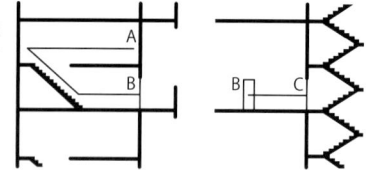

表 2.14　2 以上の直通階段の設置規定

建築物の用途および対象となる階		その階の居室の床面積の合計	
		主要構造部が耐火もしくは準耐火構造または不燃材料	その他
共同住宅の居室のある階		＞ 200m²	＞ 100m²
その他	6 階以上の階で居室のある階	原則として全部に適用	
	5 階以下の居室のある階で下記以外	＞ 200m²	＞ 100m²
	避難階の直上階	＞ 400m²	＞ 200m²

1) この規定は共同住宅、階数≧ 3 の建築物、採光上無窓の居室のある建築物、延べ面積＞ 1,000m² の建築物のどれか一つにでも適合するものに適用される。
2) 上表の床面積の合計を超える階がある場合、その階から避難階または地上に通じる 2 以上の直通階段を設けなければならない。
3) 6 階以上の階に居室がある場合、原則として 2 以上の直通階段が必要であるが、下記条件を満たす場合緩和される。
　・その階の居室の床面積の合計≦ 100m²（主要構造部が耐火・準耐火または不燃構造なら 200m²）
　・その階に避難上有効なバルコニー、屋外通路、その他これらに類するものがあること
　・その階より避難階または地上に通じる屋外避難階段、または特別避難階段が設けられていること
4) 2 以上の直通階段を設ける場合、居室の各部分からそれぞれの直通階段に至る歩行経路上で重複する部分の距離は、「直通階段に至る歩行距離」で定められた距離の 1/2 を超えてはならない。
　右図中 ＝＝＝ の部分が重複部分

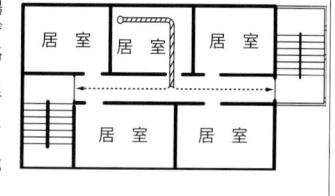

2.13　「設備」をデザインする

❶ 設備計画の概要

集合住宅の設備計画では、電気・ガス・通信・上下水など都市インフラとの接続から住棟の共用空間、各住戸内への供給に至るまで、設備専門の担当者がその計画・設計にあたるが、デザインを考えるにあたって見ておくべき大まかな箇所は、表に示す通りである（表 2.15）。

❷ 集合住宅特有の排水方式

多くの集合住宅では、上下層の住戸で汚水・雑排水などの排水システムを共用する。そのため最上層から最下層まで住棟を鉛直方向に繋ぐ共用竪管の位置を住戸ごとに動かすことはできない。また共用竪管まわりは、排水時の騒音を考慮し、界壁と同等の下地・仕上げを施した PS（パイプスペース）とすることが多い。また住戸内の衛生器具から共用竪管までは、床下などに水勾配をとった横枝管によって繋がっており、特に浴室は配管ルートの確保のため床上げするか、スラブを切り下げるなどで対処する（図 2.69 〜 2.70）。

❸ 住戸設備を見せない工夫

各フロアごとに集中設備スペースを設けることで、エアコン室外機や給湯器、電気・ガス・水道メーターなどの設備機器を 1 カ所に集め、玄関前やバルコニーまわりへの露出をなくすことができる。また各住戸からの給水や給湯、空調冷媒の配管については、共用廊下天井に照明ボックスを兼ねて納めるなどし、美観確保に努めるとよい（図 2.71）。

❹ 空間を美しく見せる設備計画

ベントキャップや給湯器、エアコン室外機を外部に見せず、壁内にダクト・冷媒管ルートを確保し、埋込み式エアコンを採用することで、建物外観や室内を美しく見せることもできる（図 2.72）。

❺ キッチン設備を所作空間として捉える

食事をつくる人や料理好きにとっては、キッチン設備そのものが所作空間となるため、設計者は各部寸法や仕様だけでなく、使い勝手やそれらの配置関係についても熟知しておく必要がある。ワークトップの寸法については、半既製品ならば各メーカーとも 150mm 単位の寸法調整に対応可能であるし、オーダー製作であれば形状も自由に選定できる。キッチンにおける作業の流れと収納の関係を表に示した（表 2.16）。また、寸法的に充実させる部位によって使い勝手も変化するため、作業しやすい適切な寸法や配置にも配慮するとよい。余裕がありすぎる設計にしてしまうと、常時立つ位置を変えながらの作業を強いることになり、かえって疲れてしまうおそれがある（図 2.73 〜 2.74）。

キッチンとダイニングの関係についても考える必要がある。食事の支度をし、食卓まで運び、食事をするといった一般的なスタイルもよいが、今後はもっと食事の支度をすること自体が豊かな生活シーンとなるような空間的配慮もなされるべきであろう（図 2.75）。

表 2.15 設備計画の概要

項目	対象・チェック内容など
電気設備	必要な場所に必要な容量でコンセントや照明ブラケットが確保できているか 電話、TV、CATV、インターネット回線の配線とモジュラー位置・個数は確保できているか インターフォンやセキュリティロックシステムは使いやすいものであるか
ガス設備	ガスレンジ、ガスオーブン、給湯機器などは適切な位置に配置できるか
給排水設備	キッチンや浴室だけでなくバルコニーSKなど必要な場所に給排水ルートが確保できているか 配管仕様のメンテナンス性、防音性は確保されているか
衛生器具設備	キッチンワークトップや浴室サイズ、便器や洗面台の仕様は適切か 混合水栓、ディスポーザーなどは使いやすいものが選ばれているか 水はけや防水の必要な箇所で適切な納まりがなされているか
冷暖房設備	個別方式、セントラル方式を問わず地域環境に合わせて必要な冷暖房性能が確保されているか 冷媒管や空調機器排水のルートは適切に確保されているか ガス式床暖房機器等の設置広さは適切か
換気設備	全居室の自然換気・機械換気は適切に行われるか レンジまわりの給気・排気ルートと位置は適切か
昇降機設備	エレベーターの仕様や定員、速度や台数は適切か かご内の防犯対策はとられているか、運行監視や非常時連絡の仕様はOKか 適宜必要な際エレベーターに身障者対応の仕様がとられているか
機械式駐車装置	台数、仕様、出入庫の待ち時間は適切か 誤操作時などの安全対策がとられているか
その他	地域冷暖房の導入、生ごみ処理設備、太陽熱利用設備、太陽光発電設備など

図 2.71 集中設備スペース（LiF／鈴木恂+AMS／内木博喜、高柳英明）

図 2.72 空間を美しくみせる設備計画（MESH／千葉学建築計画事務所）

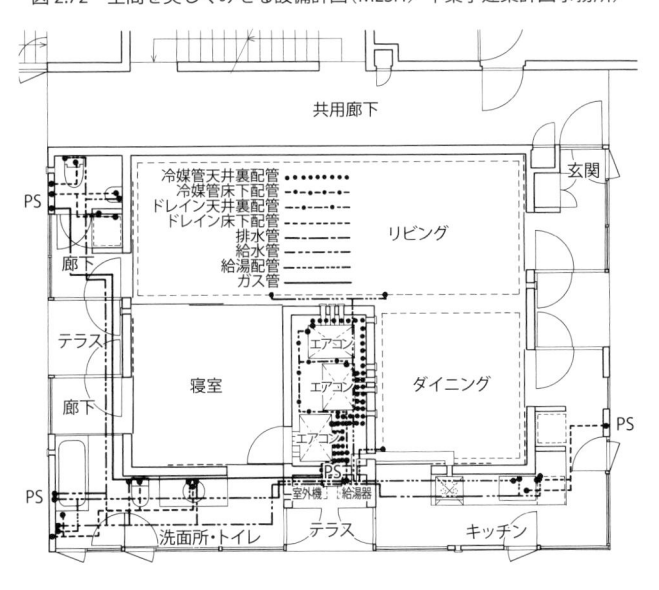

図 2.69 集合住宅の排水システム

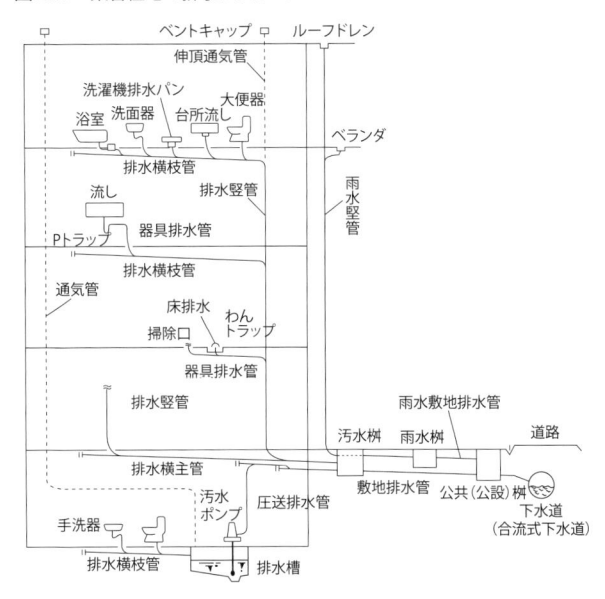

図 2.70 スラブ切り下げ施工例

表 2.16 キッチンにおける作業の流れと収納の関係

機能	勝手口	冷蔵庫 食品庫 食器収納	準備台	シンク	調理台	コンロ	配膳台	食堂
道具収納		大型食器 買物かご 米ビツ	ハカリ エプロン 献立表 料理の本 伝票	洗剤 タワシ 布巾 食洗機 ごみ入れ 食器	包丁 まな板 調理用機器 鍋類 調理道具	鍋類 調理道具		ジューサー、ミキサー、電子レンジ、炊飯器、コーヒーメーカー、食器、はし、スプーン、盆類、ポット
食品収納			ビン類 カン詰類 野菜 乾物 菓子		調味料 油 その他		調味料 食品、その他	

図 2.73 キッチンの機能強化と各部の寸法
①基本型 均等なスペース配分
　冷蔵庫 準備台 シンク 調理台 コンロ 配膳台
　食品庫
②食品収納を増す
③準備機能を強化する
④シンクを大きくする
⑤調理機能を強化する
⑥コンロを大きくする
⑦配膳機能を強化する

設計・計画　45

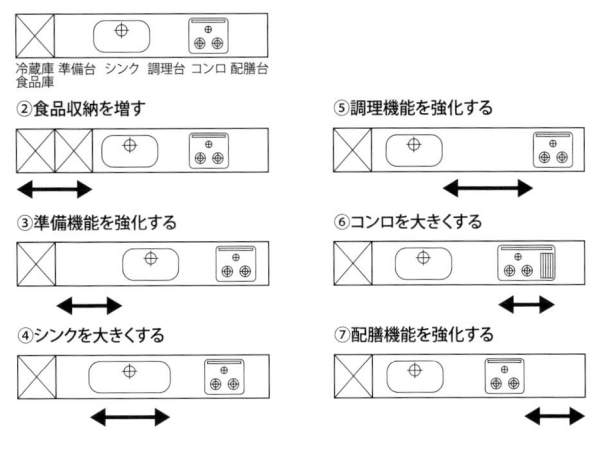

図 2.74 キッチンの配置とワークトライアングル

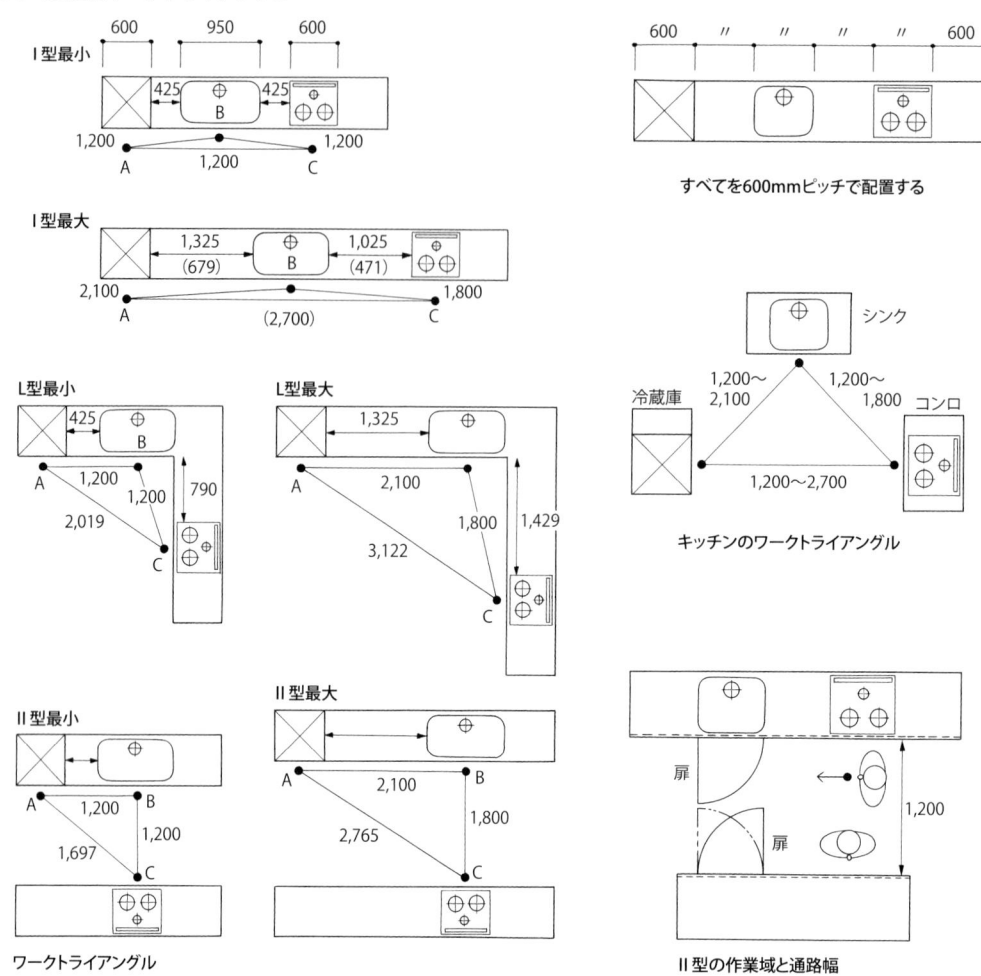

図 2.75 キッチンとダイニングの繋ぎ方

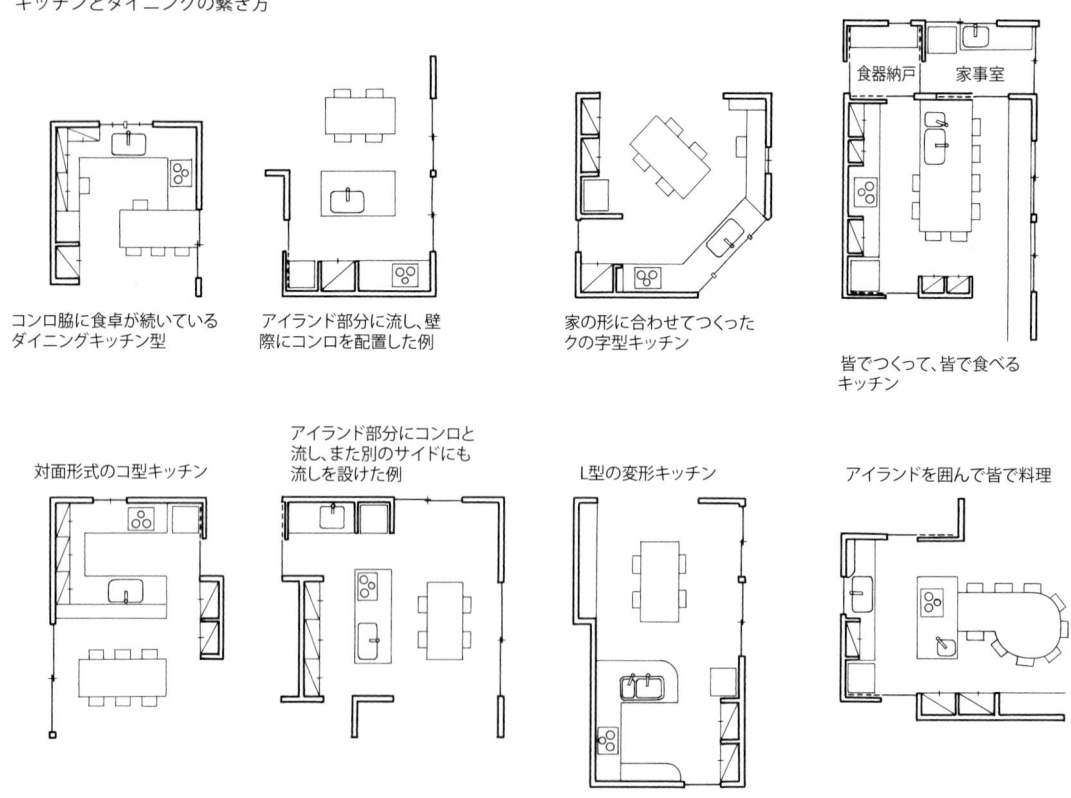

③ 設計事例

1995・東京都中野区　　　　　　　　　　　　　　　　　　　　　設計/谷内田章夫/ワークショップ

上高田の集合住宅/SQUARES

　角地に立つ低層集合住宅である。西と北の道路に接し、南西と北東の角では3mほどの高低差がある。道路や敷地境界に平行となるように4棟を分棟に離して建て、中央に囲み込まれた中庭を設けた。各棟の間には、風が通り抜けるように軽快な階段を設けた。階段に繋がった各住戸の前は踊り場を少し広くとり、2〜3戸の単位で共有のテーブルが置かれ、共用の外部空間とした。各住戸は、中庭側にある窓とバルコニー側に大きな開口部をもち、二面開口で十分な採光や通風がとれる仕組みとした。中庭は1階と2階の中間のレベルに設定され、半階下がって1階へ、半階上がって2階へ、もう1階上がって3階へと繋がる構成にした。3階は、メゾネット住居と屋上庭園で中庭から1.5階分の高さとなり、上がりやすくなっている。中庭を中心とし、外部のヴォイドとしたことにより、相互の距離感を程よくとりながら、十分な環境と適切な密度を保つことができた。　　（谷内田章夫）

■建築概要
敷地面積/880.65m²
建築面積/523.89m²
延床面積/1,636.12m²（駐車場 327.86m² 含む）
建ぺい率/59.5%（70%）
容積率/149.9%（150%）
階数/地下1階地上4階
構造/鉄筋コンクリート造
総戸数/29戸

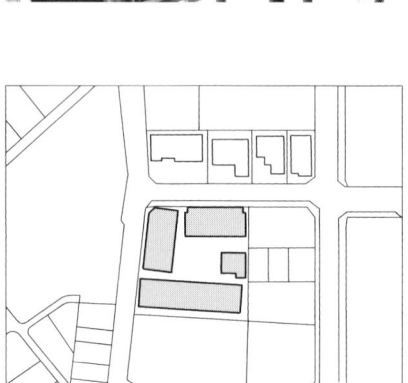

付近見取図　1/2,000

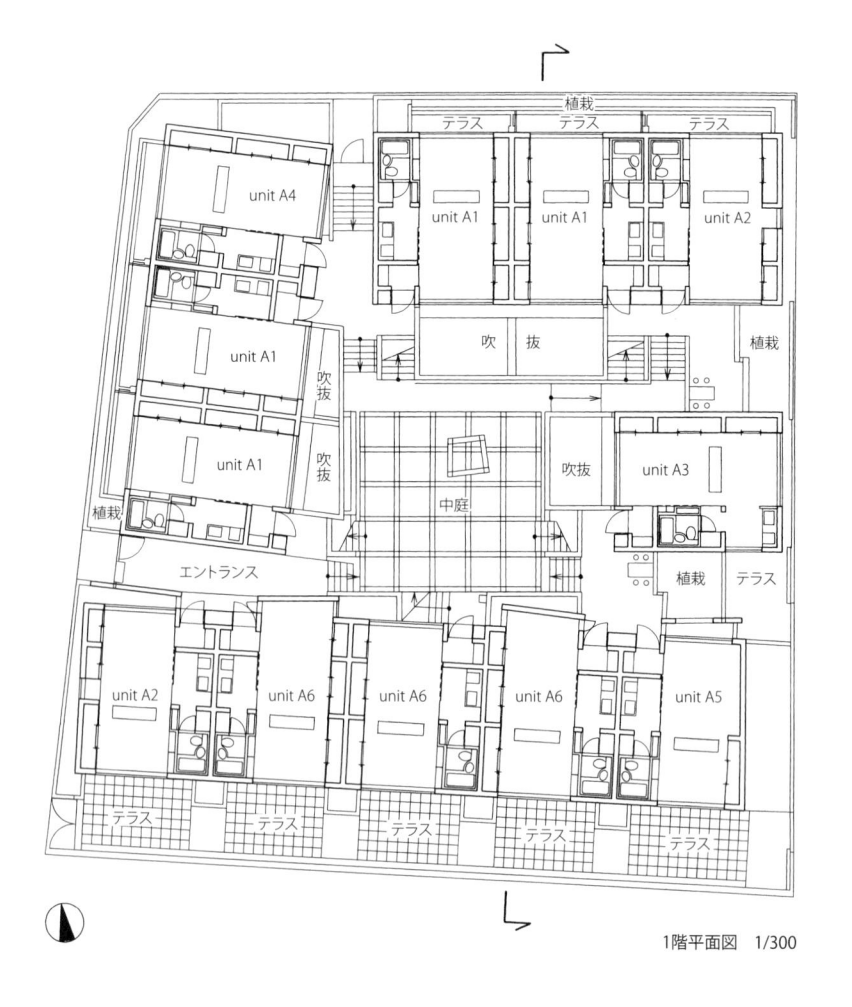

1階平面図　1/300

3階平面図

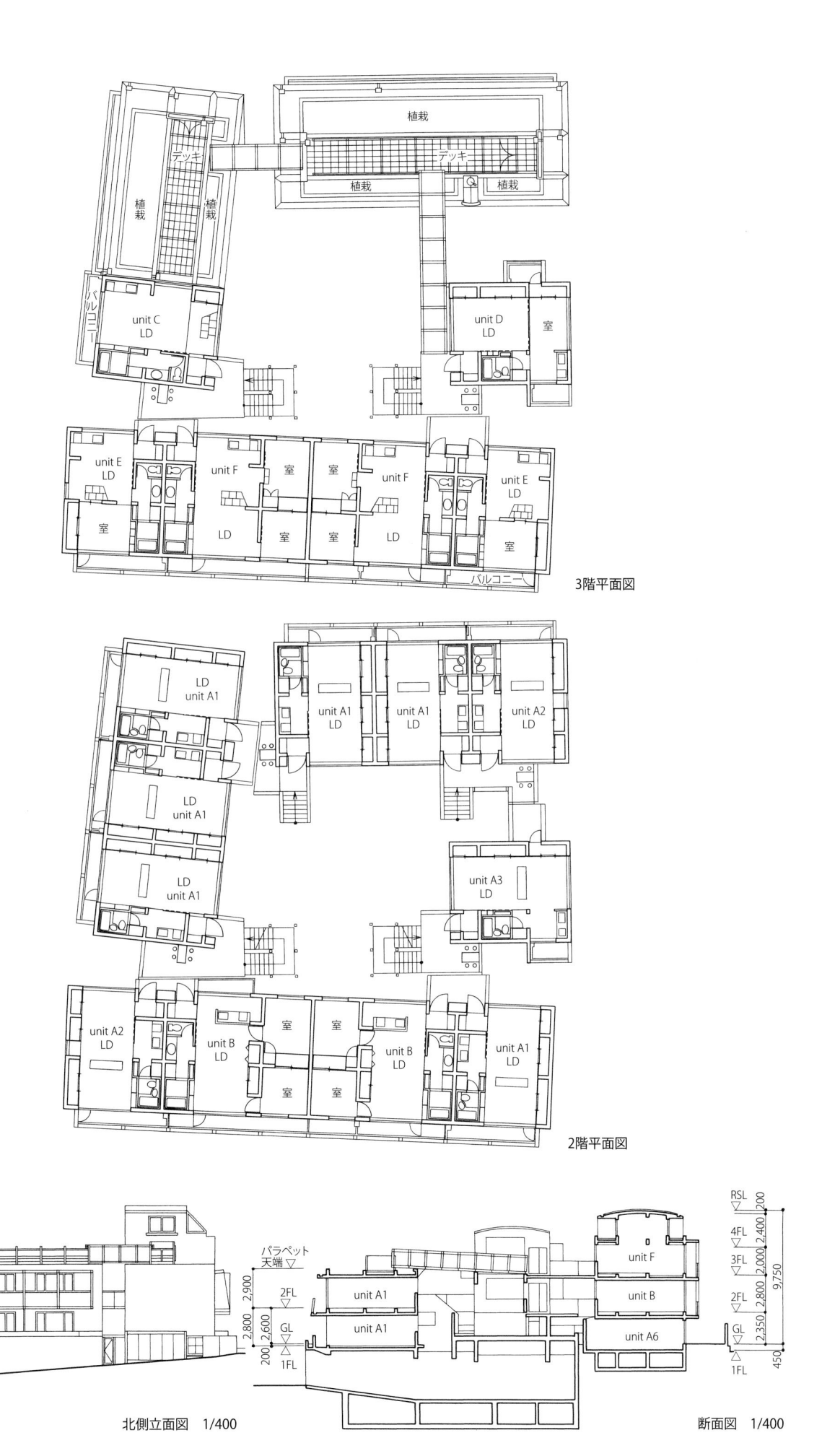

2階平面図

北側立面図 1/400

断面図 1/400

設計事例

1997・兵庫県神戸市　　設計／真野・東尻池町7丁目立江地区共同建替支援設計集団

東尻池コート

　この共同住宅は、住民主体のまちづくりで知られる真野地区の一角にある。1995年の兵庫県南部地震により43戸が焼失。その後、個別再建の難しい狭小長屋密集地の地権者（持家人、賃貸経営者）に、当時の自治会長が共同再建を働きかけ、専門家が加わり、「ここに住んでいた人が住んでいた場所に戻る」ことを目指した「生活再建」を選択し、18戸分の敷地に共同再建住宅が生まれた。

　建築デザインは、まちの構造を観察し、住居の暮らしをヒアリングした結果、下町型の集合住宅になった。住棟が分節化され、路地に面した部分が3階に抑えられているのは、周辺環境を激変させないための配慮であり、周辺になじむデザインとなっている。トンネル路地や井戸は、そこにあった生活空間の記憶の表出である。各住戸は、コーポラティブ方式で設計され、住み手の生活に合わせた間取りとなっている。また、焼失前と同じように持家、借家が混在しながら生活し、長屋の下町生活の互助精神が今も息づいている。　　　　（柴山直子）

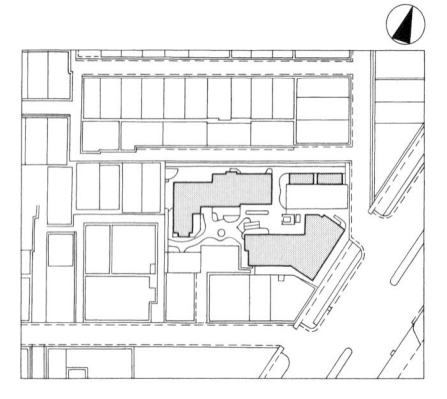

■建築概要
コーディネート／真野・東尻池町7丁目立江地区共同建替支援チーム
設計／真野・東尻池町7丁目立江地区共同建替支援設計集団
その他支援団体／阪神・淡路まちづくり支援機構
敷地面積／662.5m²
建築面積／346.45m²
延床面積／1,228.27m²
建ぺい率／52.29%（60%）
容積率／177.46%（200%）
階数／地上5階
構造／鉄筋コンクリート造壁式構造
総戸数／住戸18戸、店舗2戸

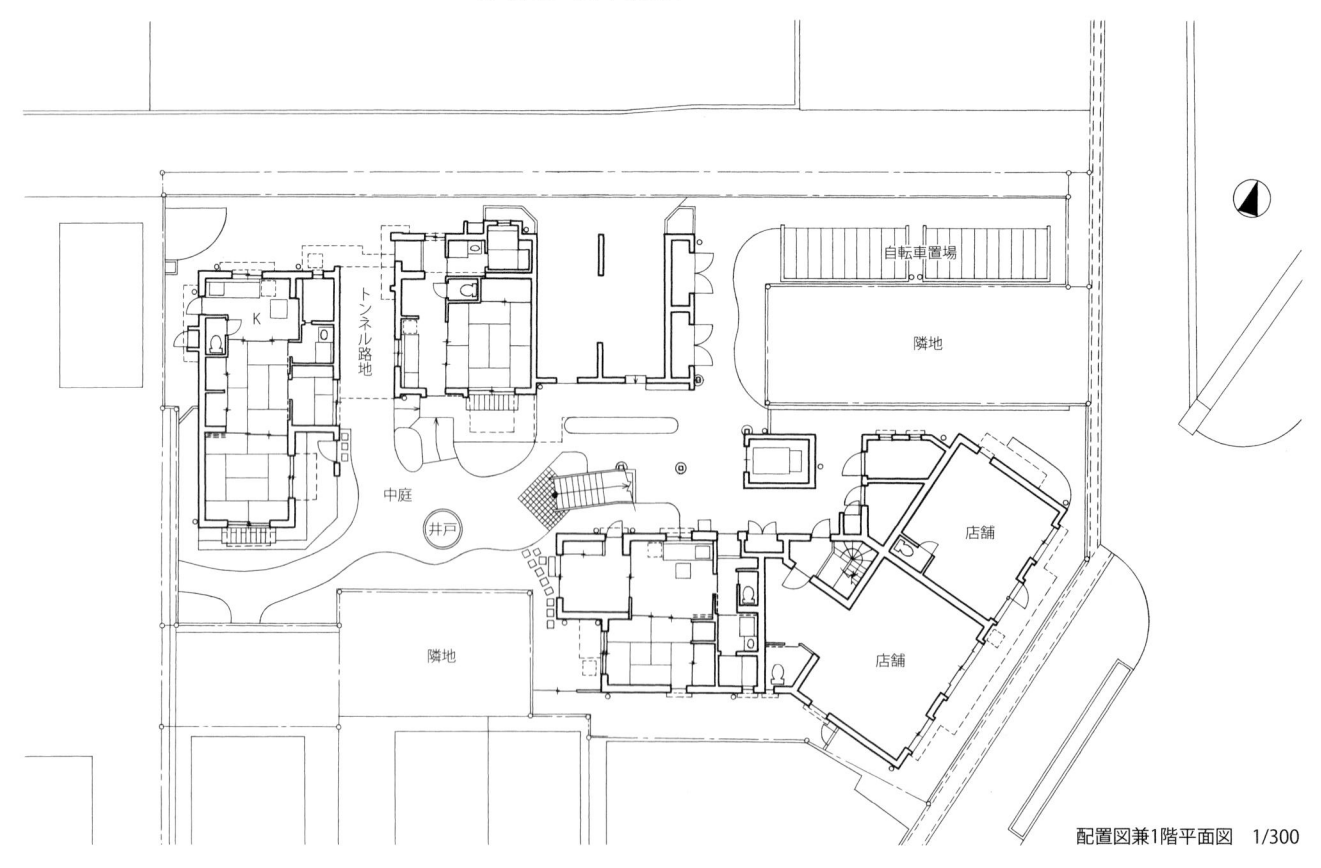

付近見取図　1/1,500

配置図兼1階平面図　1/300

3階平面図

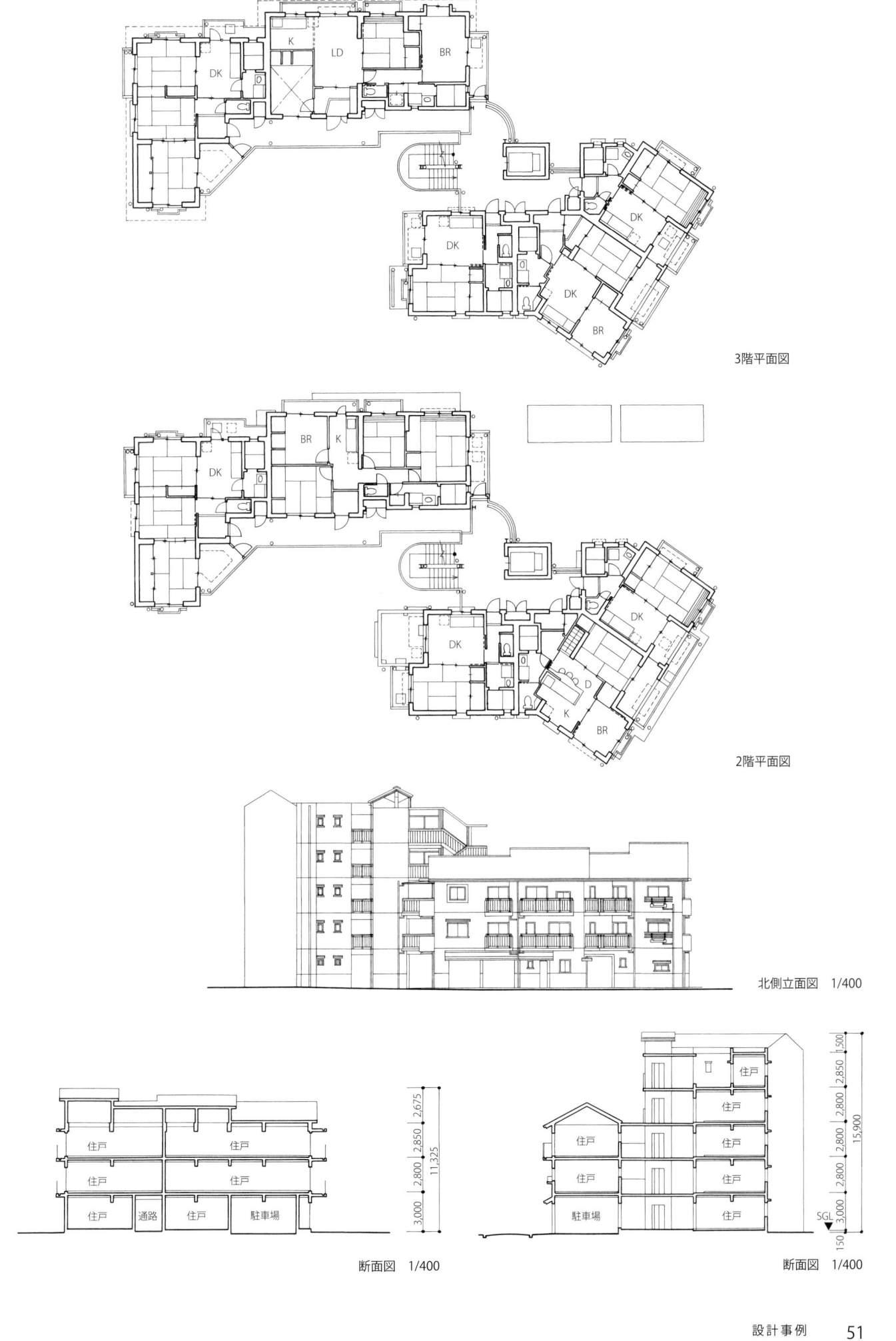

2階平面図

北側立面図　1/400

断面図　1/400

断面図　1/400

設計事例

2003・東京都江東区　　　　　　設計/山本理顕設計工場

東雲キャナルコート CODAN 1 街区

　東雲キャナルコートCODANは、容積率394.03%の高密居住を実現した都市型住宅のモデルである。これは、中庭を有する六つの高層住棟の街区で構成され、六つの建築チームによってデザインガイドラインのもとで設計されている。各街区同士の関係性や街全体の関係性を強く指向し、6街区を貫くS字形の街路を街の骨格として、街路と住棟の関係性をもたせることにより、個性ある特徴的な街の雰囲気をつくり出している。

　1街区は、コンパクトに高密化を図るために中廊下形式としたうえで、様々な計画的工夫がある。住棟にはヴォイドが空けられコモンテラスをそこに生み出し、外部空間を積極的に生活空間の一部として住棟に取り込んでいる。コモンテラスに面する住宅には、ガラス張りのホワイエルームと呼ばれるスペースを取り入れ、専用部分と共用部分を緩やかに繋ぐ役割をもたせている。

　住戸のパターンは都心生活の様々なライフスタイルに対応するように、多様なプランタイプがある。

（文責・担当編集委員）

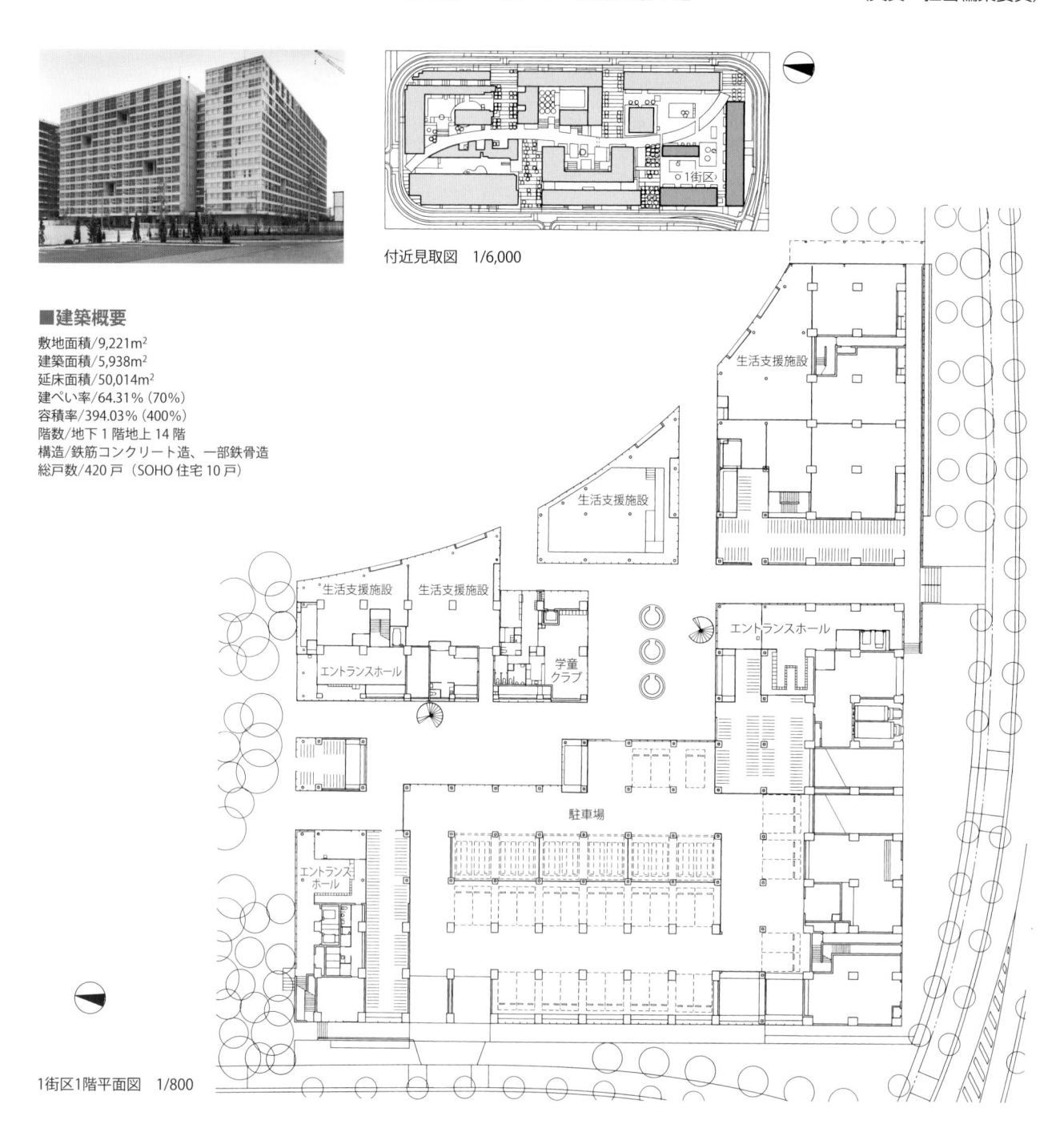

付近見取図　1/6,000

■建築概要
敷地面積/9,221m²
建築面積/5,938m²
延床面積/50,014m²
建ぺい率/64.31%（70%）
容積率/394.03%（400%）
階数/地下1階地上14階
構造/鉄筋コンクリート造、一部鉄骨造
総戸数/420戸（SOHO住宅10戸）

1街区1階平面図　1/800

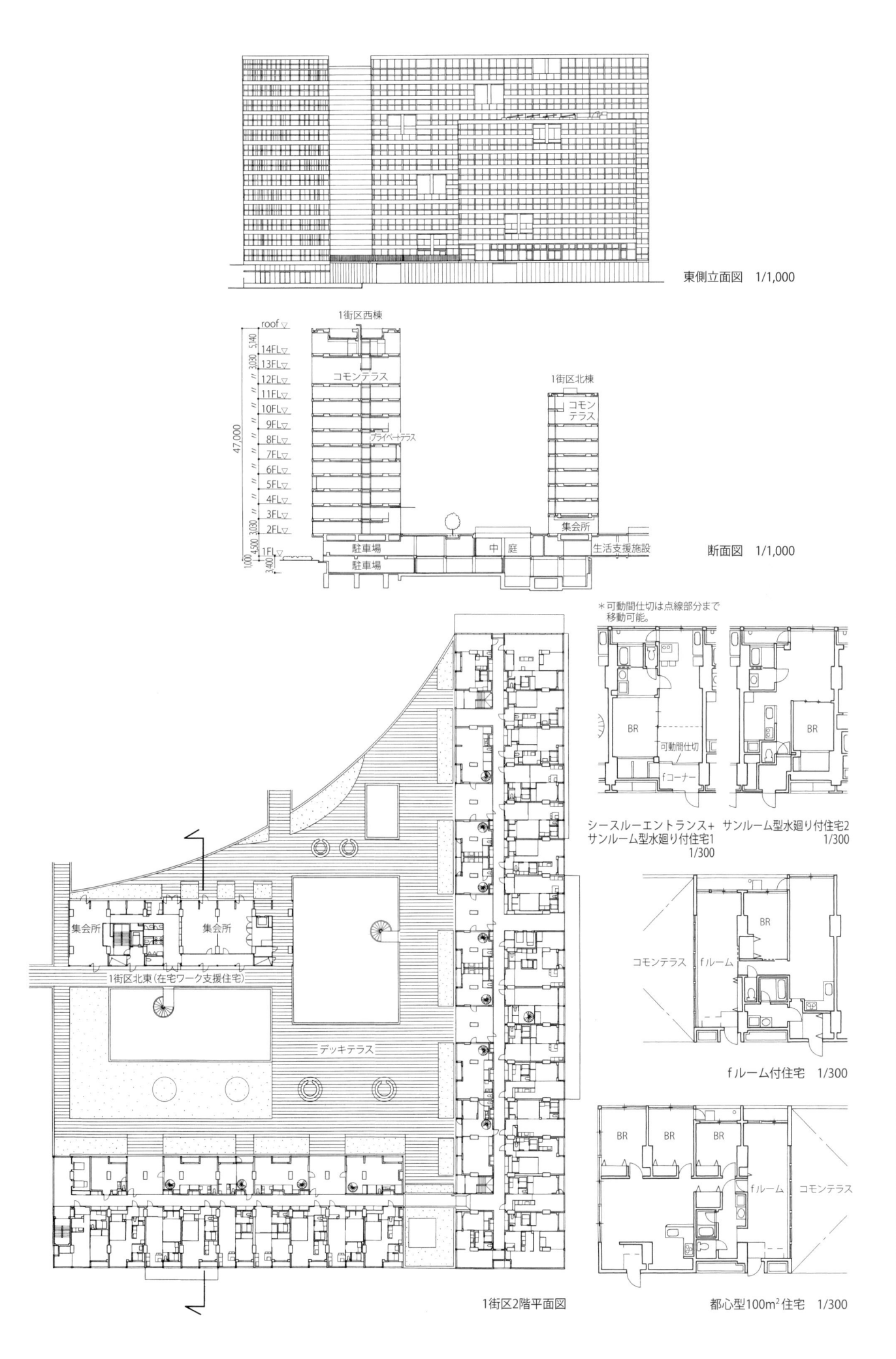

東側立面図 1/1,000

断面図 1/1,000

＊可動間仕切は点線部分まで移動可能。

シースルーエントランス+サンルーム型水廻り付住宅1　　サンルーム型水廻り付住宅2
1/300　　　　　　　　　　　　　　　　　　　1/300

fルーム付住宅　1/300

1街区2階平面図　　　　　　　　都心型100m²住宅　1/300

設計事例

2001・埼玉県川口市　　　設計/アーキテクチャー・ラボ

川口交差住居

　1階は駐車場、2〜4階は賃貸集合住宅、5・6階はオーナー住宅の計画。
　建物は南北の分棟とし、屋外階段が2棟を結んでいる。
　住戸をクロスメゾネットとすることで、東西南北に開口部を設けることができた。また共用廊下を2・3階に集約することで片廊下タイプよりも余裕が生まれる。プランターや椅子などを配置し、単なる廊下ではなくコミュニケーションのためのホールとして機能する。さらにホールに面した開口部にガラスブロックを用いることで、住民の気配が表出される。
　住戸内部は約50m^2。階段や浴室などのデザインに、バリエーションをもたせることで、SOHO、夫婦、夫婦＋子供、などの生活を受け入れることを想定している。そしてどの住戸にも収納は設けていない。収納は住人が自分のスタイルに合わせて用意することになる。それぞれ住まいでは、収納をフリーにすることが多様な使い方を促すことに繋がっているように思われた。

（高安重一、添田直輝）

■建築概要

敷地面積/350.96m^2
建築面積/241.22m^2
延床面積/823.03m^2
建ぺい率/68.73%（70%）
容積率/198.54%（200%）
階数/地上6階
構造/鉄筋コンクリート造
総戸数/住戸12戸

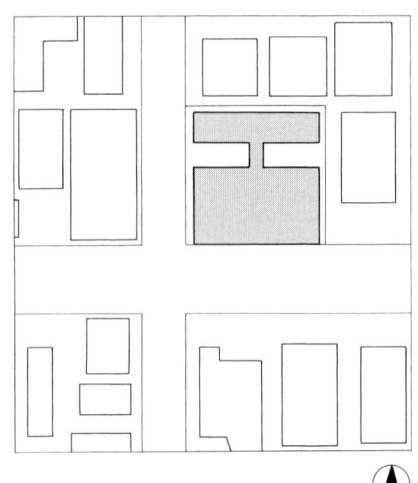

付近見取図　1/1,000

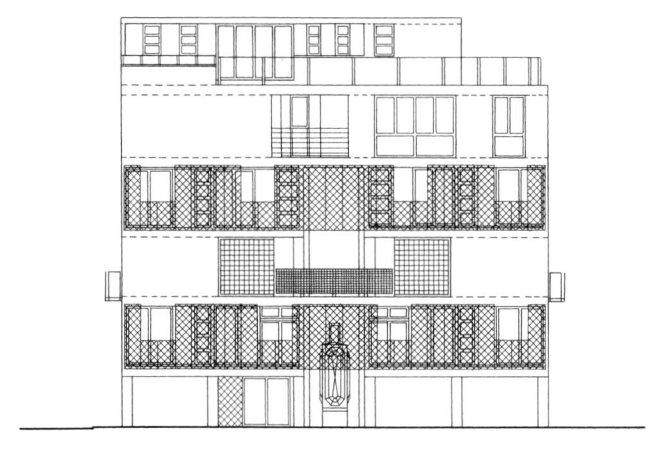

南側立面図　1/300

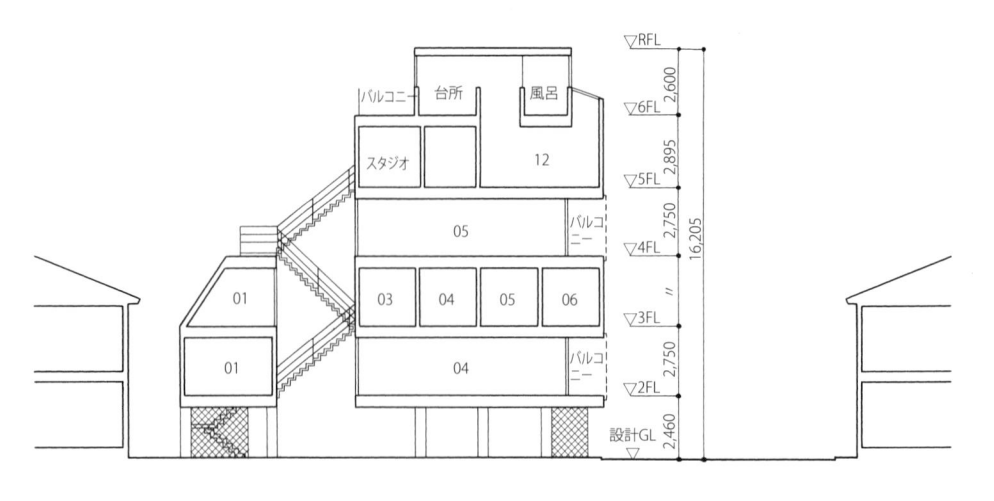

断面図　1/300

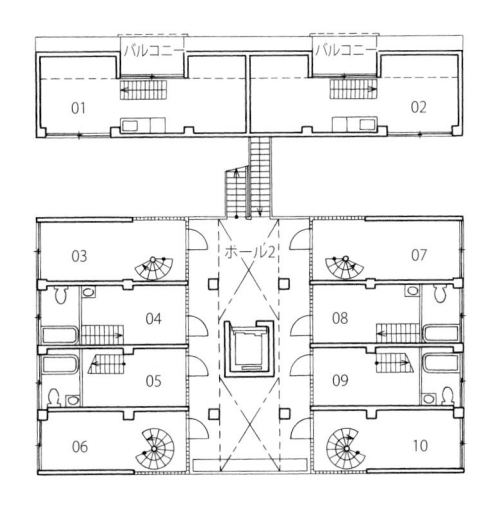

3階平面図

6階平面図

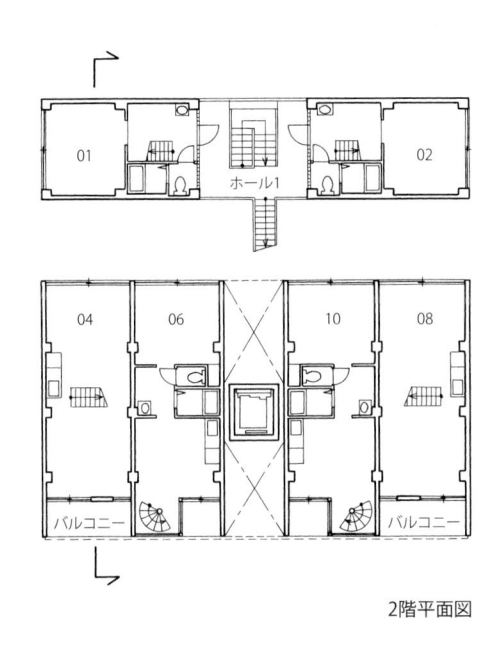

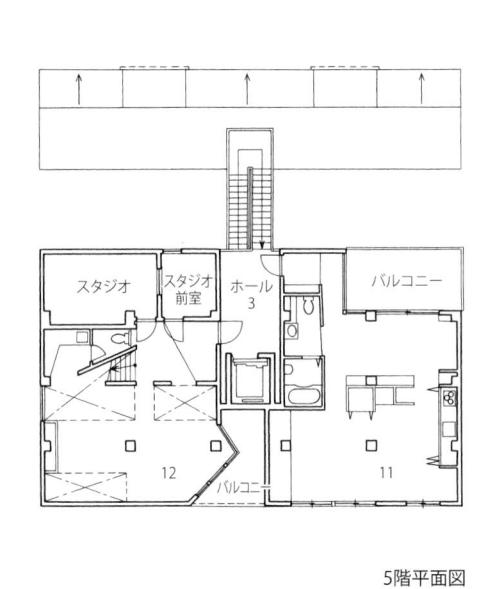

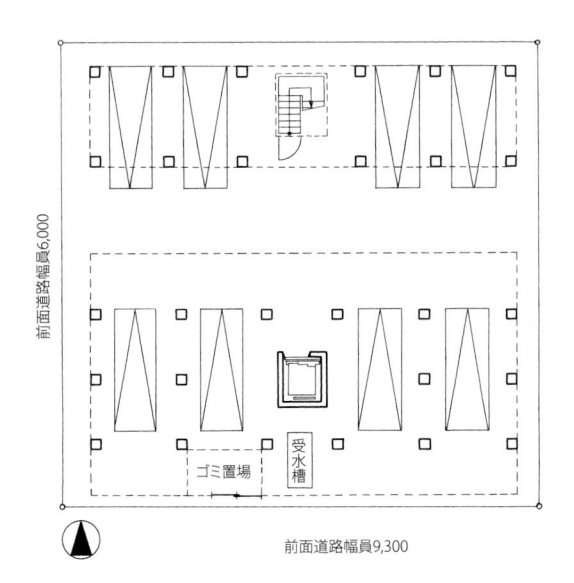

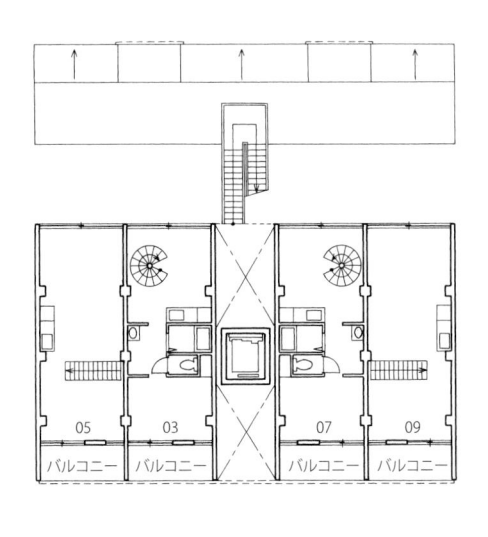

2階平面図

5階平面図

1階平面図　1/300

4階平面図

設計事例

1996・京都市上京区　　　　設計/吉村篤一＋建築環境研究所

北野 洛邑館

　上七軒地区は通りの両側に町家の風情があるお茶屋さんが軒を連ねており、京都らしい町並みが感じられる地域である。このような地域に建てられる集合住宅としては、町並みに違和感なく溶け込みながら、現代生活がふつうに行える建物にすることがテーマであった。そこで、1・2階部分の壁面や軒線を既存の隣接する町家の瓦屋根や格子窓に連続させるデザインとし、京都らしいお茶屋の町並みや雰囲気を壊さないよう配慮した。また、3・4・5階をセットバックさせることにより、通りに圧迫感を与えないようにしている。1階には店舗を設けて既存の地域との融合を図り、前面道路・路地風通路および中庭空間の連続により、自然な監視ができるような防犯システムを備えるとともに、その中庭はここに住まう人たちのコミュニティの場として生かせることを考慮している。また、様々な家族構成や生活様式に合わせて住みこなせるよう、各住戸はすべて異なった平面プランとなっているのも特徴の一つである。
　　　　　　　　　　　　　　（吉村篤一）

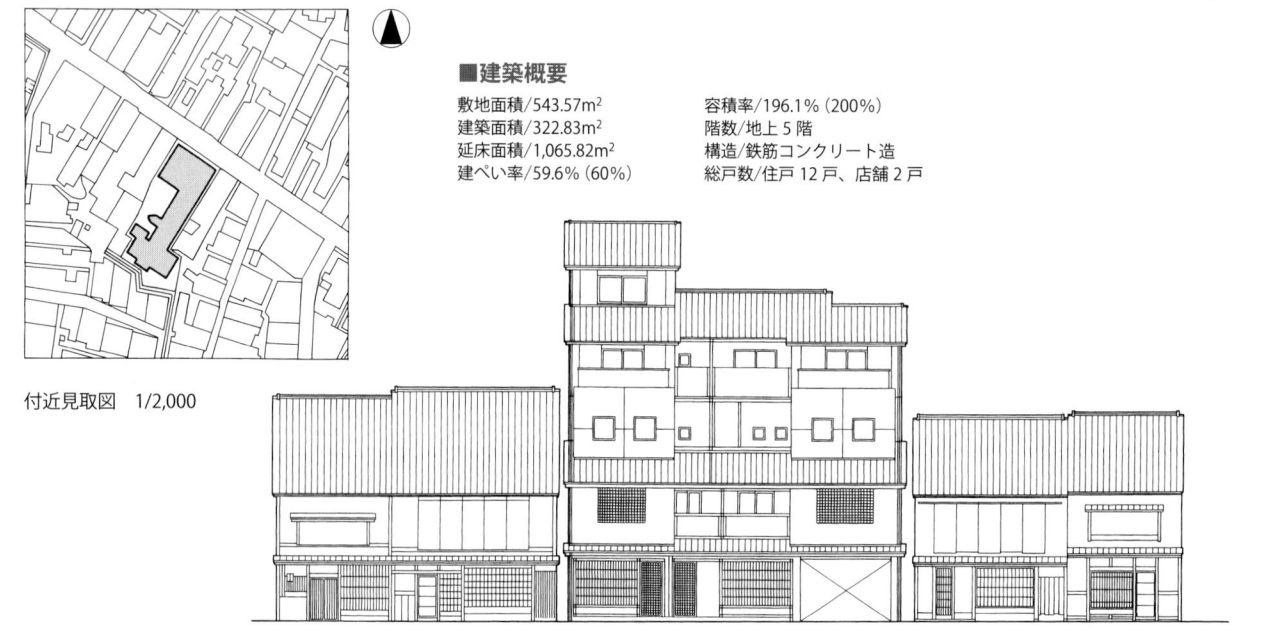

付近見取図 1/2,000

■建築概要
敷地面積/543.57m²　　容積率/196.1%（200%）
建築面積/322.83m²　　階数/地上5階
延床面積/1,065.82m²　構造/鉄筋コンクリート造
建ぺい率/59.6%（60%）　総戸数/住戸12戸、店舗2戸

北側立面図 1/300

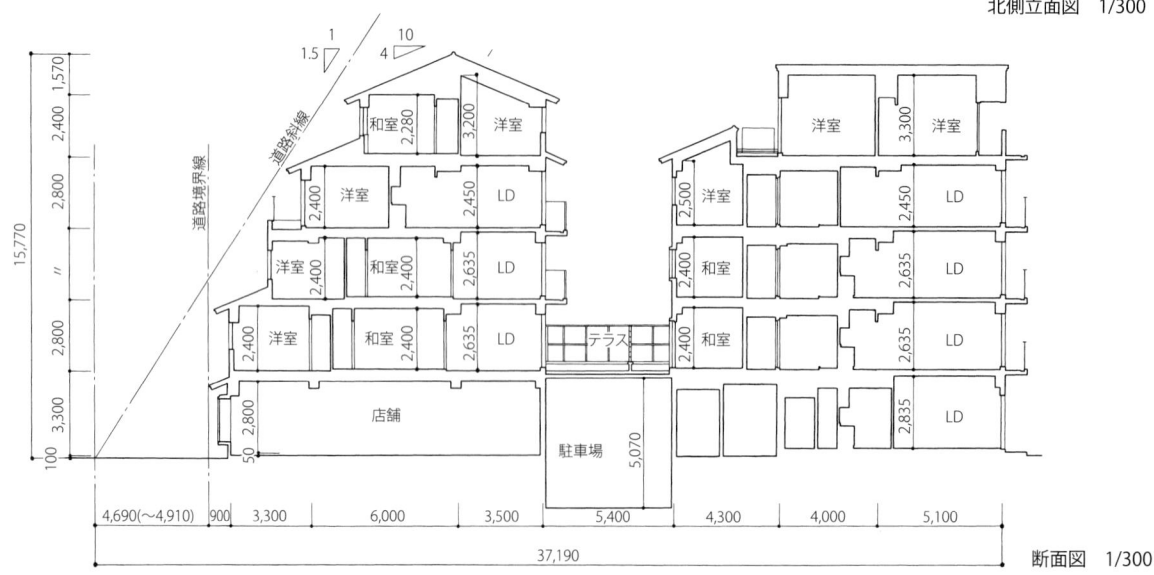

断面図 1/300

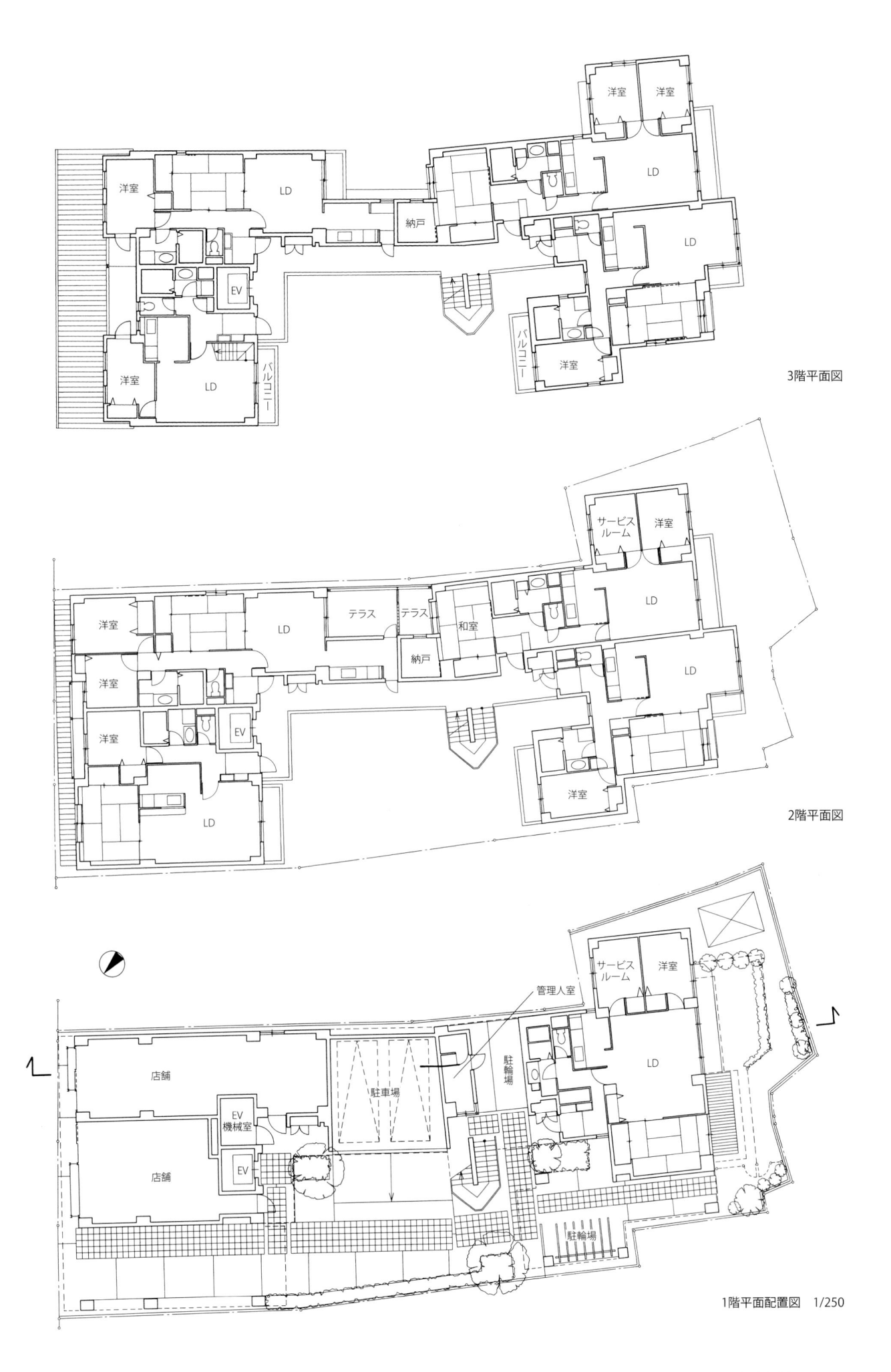

3階平面図

2階平面図

1階平面配置図　1/250

設計事例

1995・千葉市美浜区　　　　設計/日建設計、日建ハウジング、KANDA ASSOCIATES ARCHITECTS

幕張ベイタウン パティオス5番街

　幕張ベイタウンは、幕張新都市にふさわしい魅力的な都市デザインと、時代の社会的ニーズやライフスタイルに対応した快適な居住空間の実現を目指して街づくりが進められている。

　街づくりガイドラインと計画デザイン会議による設計方式の採用、住棟の沿道型配置による中庭型集合住宅（街区型集合住宅）という空間構成を特徴とし、住宅地全体で調和のとれた街並みの形成と、工夫に富んだ魅力的なデザインの展開が図られている。また、活気と賑わいをもたせるために、街路に面する1階には店舗などの施設を配置することが原則とされている。

　住棟に囲まれた中庭も、街区ごとでそのデザインやしつらえは多様である。特にこの5番街では、中庭を二つのレベルで構成している。街路レベルのゾーンは、2層吹抜けのヴォイドから街路の活気が中庭に導かれ、セミパブリックの場としてしつらえられた。また、中庭の一部に駐車場を設け、その上部を人工地盤として居住者専用のコモンテラスとしているのも特徴の一つである。

（文責・担当編集委員）

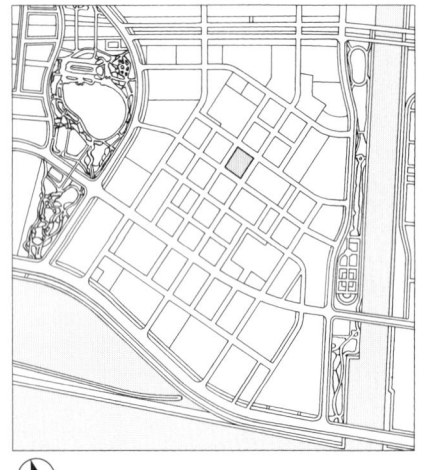

■建築概要

敷地面積/5,644.99m²　　容積率/224.92%（300%）
建築面積/3,878.69m²　　階数/地上6階
延床面積/15,749.76m²　　構造/鉄筋コンクリート造
建ぺい率/68.71%（90%）　総戸数/113戸

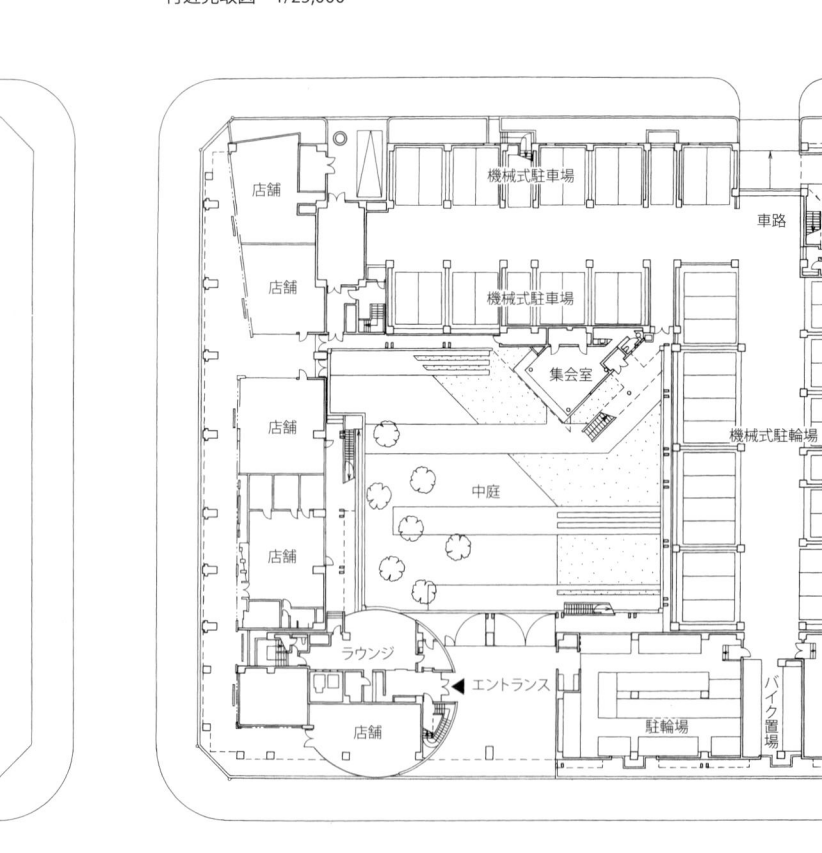

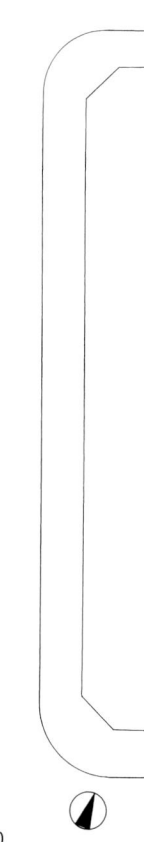

付近見取図　1/25,000

1階平面図　1/800

基準階平面図

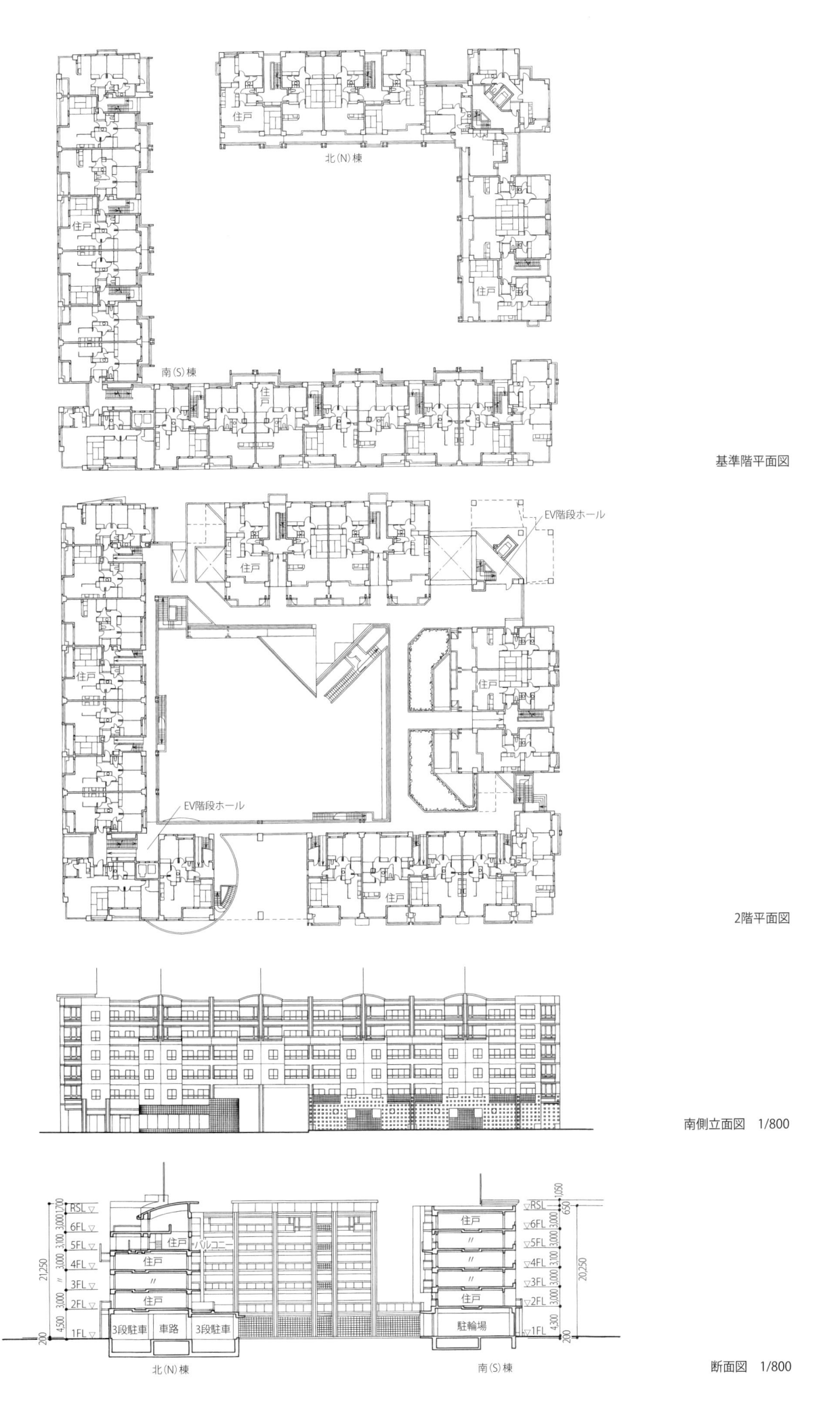

2階平面図

南側立面図　1/800

断面図　1/800

設計事例

2003・東京都港区　　　設計/IKDS

c-MA1

　築18年の写真スタジオ、階高4.5mと3mの部屋を単純に積層し半階ずれの階を内包した建物だったものを、共同住宅へと用途転換した。分断されて認識できなかった潜在的特徴は、界壁を取り払い高さ関係を整理すれば、スキップフロア空間へ再構成できる。ドライエリアを掘り居住性能が高まれば、地下室も新たな価値を発現する。埋蔵宝物を掘り起こしながら、コンバージョンというストーリー性を感じるきっかけを効果的に残すことをデザイン上の戦略とし、新たな開口部や家具的なロフト床の挿入などにより特徴ある住戸のつくり込みを行った。また、内部を再構成した部分は半透明ガラスボックス、接道面は湾曲するキャノピースクリーンを新たに配置し、元のタイル外壁と対比的に混在するデザインに新しい貌を創り出した。増築と建物全体の用途変更に対して検査済証も取得した。自由な発想に基づいた「つくりたい空間を目標においた空間の再構成」という、新しい「コンバージョン」の姿を提示できたと考えている。

（池田靖史＋國分昭子）

■建築概要
敷地面積/281.076m²
建築面積/155.03m²
延床面積/459.48m²
建ぺい率/55.15%（60%）
容積率/149.39%（150%）
階数/地下1階　地上3階
構造/鉄筋コンクリート造
総戸数/4戸（住戸3戸、テナントスペース1戸）

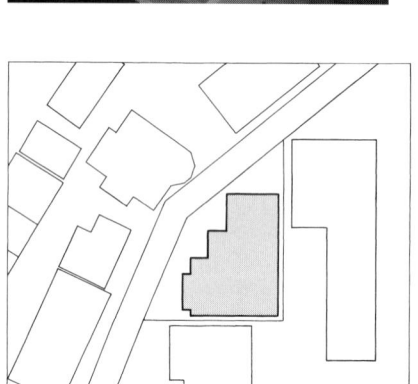

付近見取図　1/1,000

北側立面図　1/250

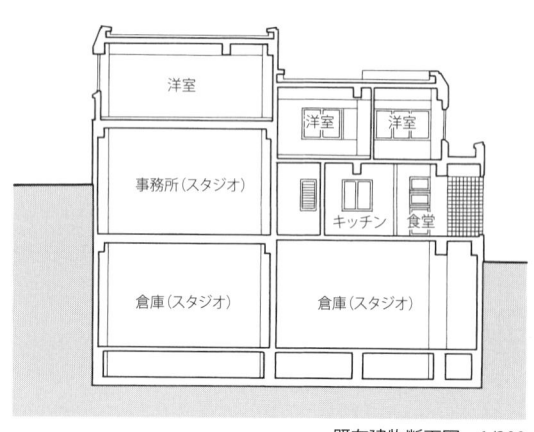

既存建物断面図　1/300

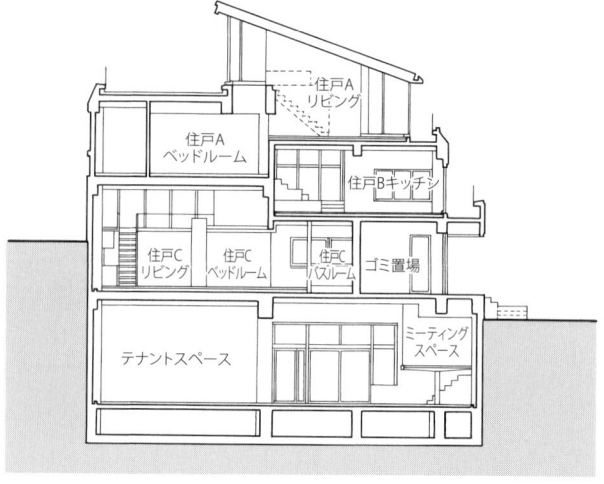

改修後断面図　1/300

既存建物RF平面図

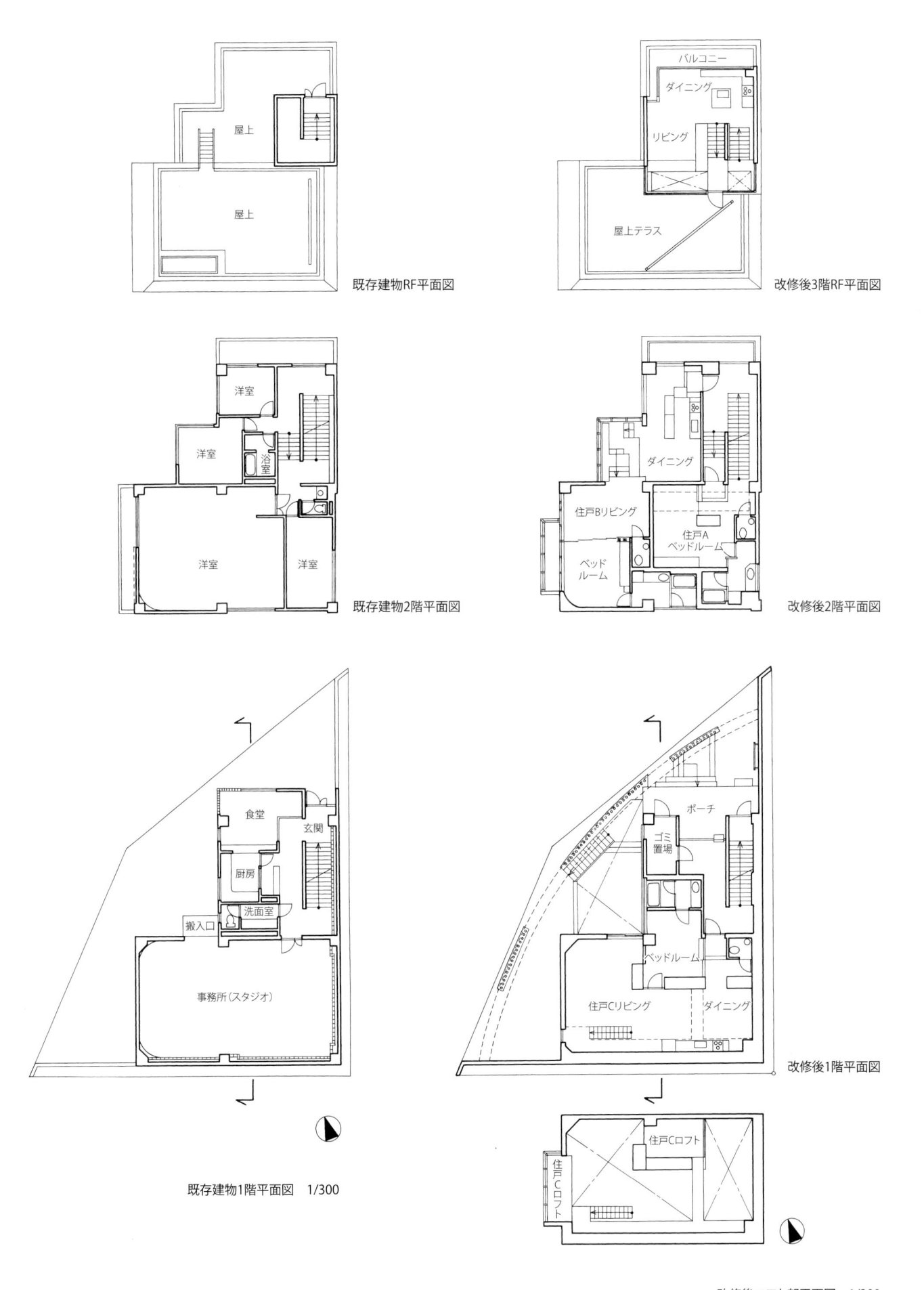

既存建物2階平面図

既存建物1階平面図　1/300

改修後3階RF平面図

改修後2階平面図

改修後1階平面図

改修後ロフト部平面図　1/300

設計事例　61

2005・東京都新宿区

設計/NEXT ARCHITECT & ASSOCIATES

アトラス江戸川アパートメント

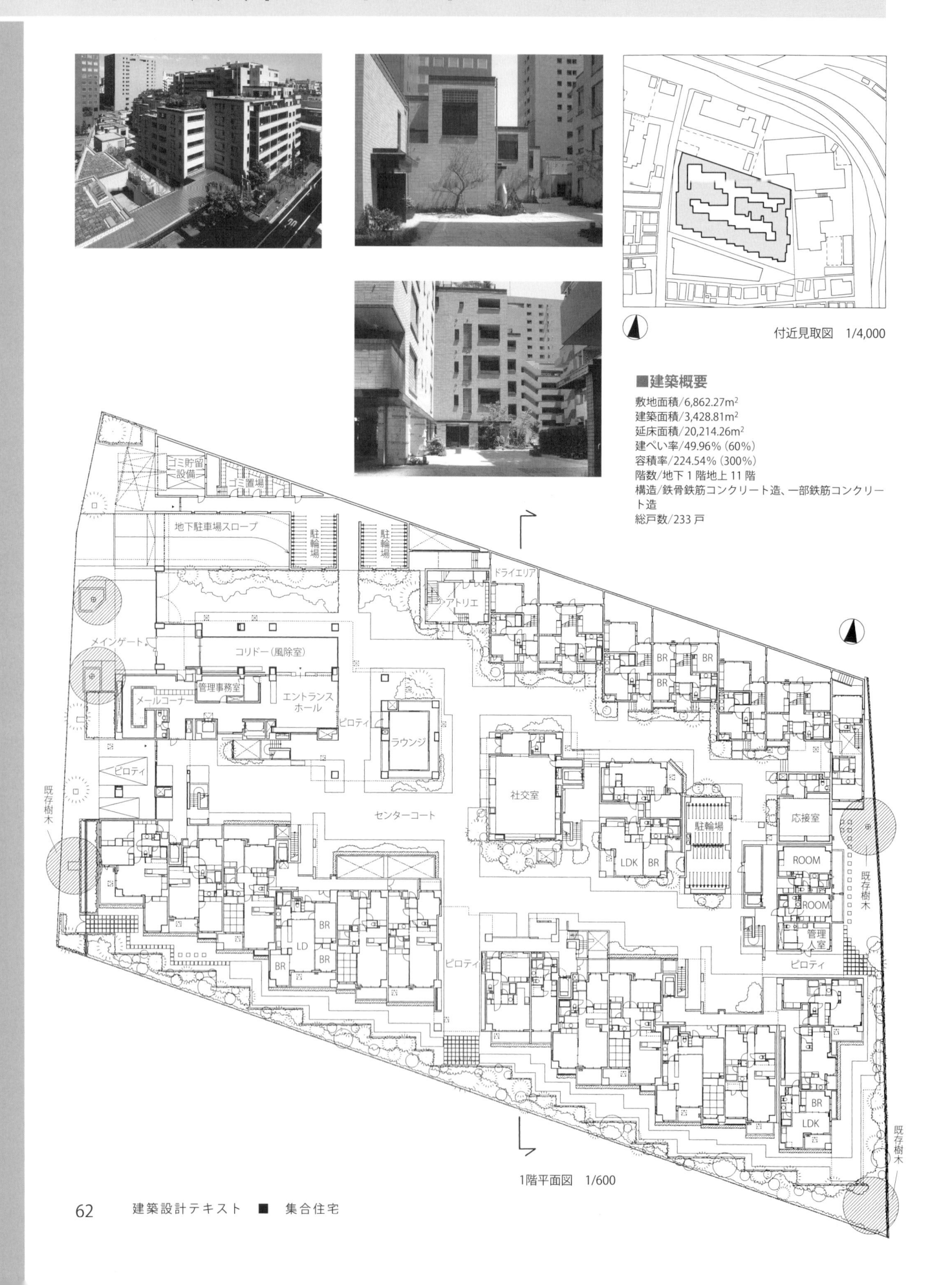

付近見取図　1/4,000

■建築概要

敷地面積/6,862.27m²
建築面積/3,428.81m²
延床面積/20,214.26m²
建ぺい率/49.96%(60%)
容積率/224.54%(300%)
階数/地下1階地上11階
構造/鉄骨鉄筋コンクリート造、一部鉄筋コンクリート造
総戸数/233戸

1階平面図　1/600

西側立面図 1/800

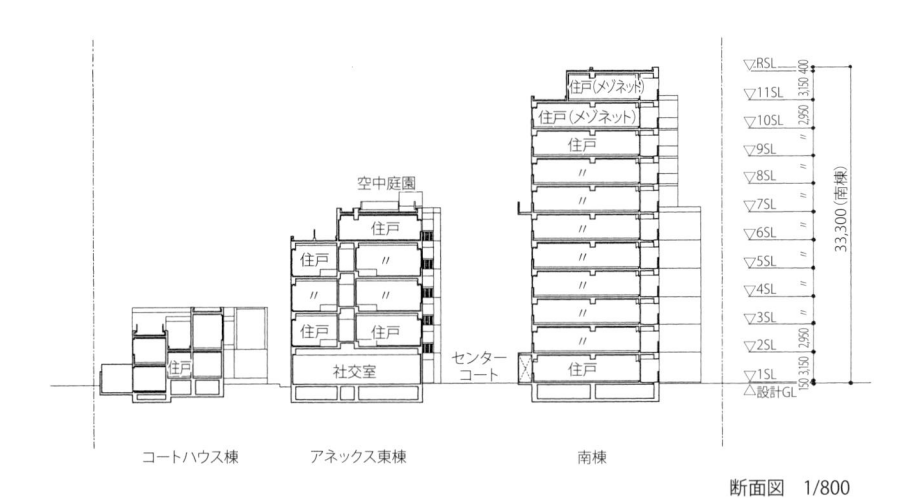

断面図 1/800

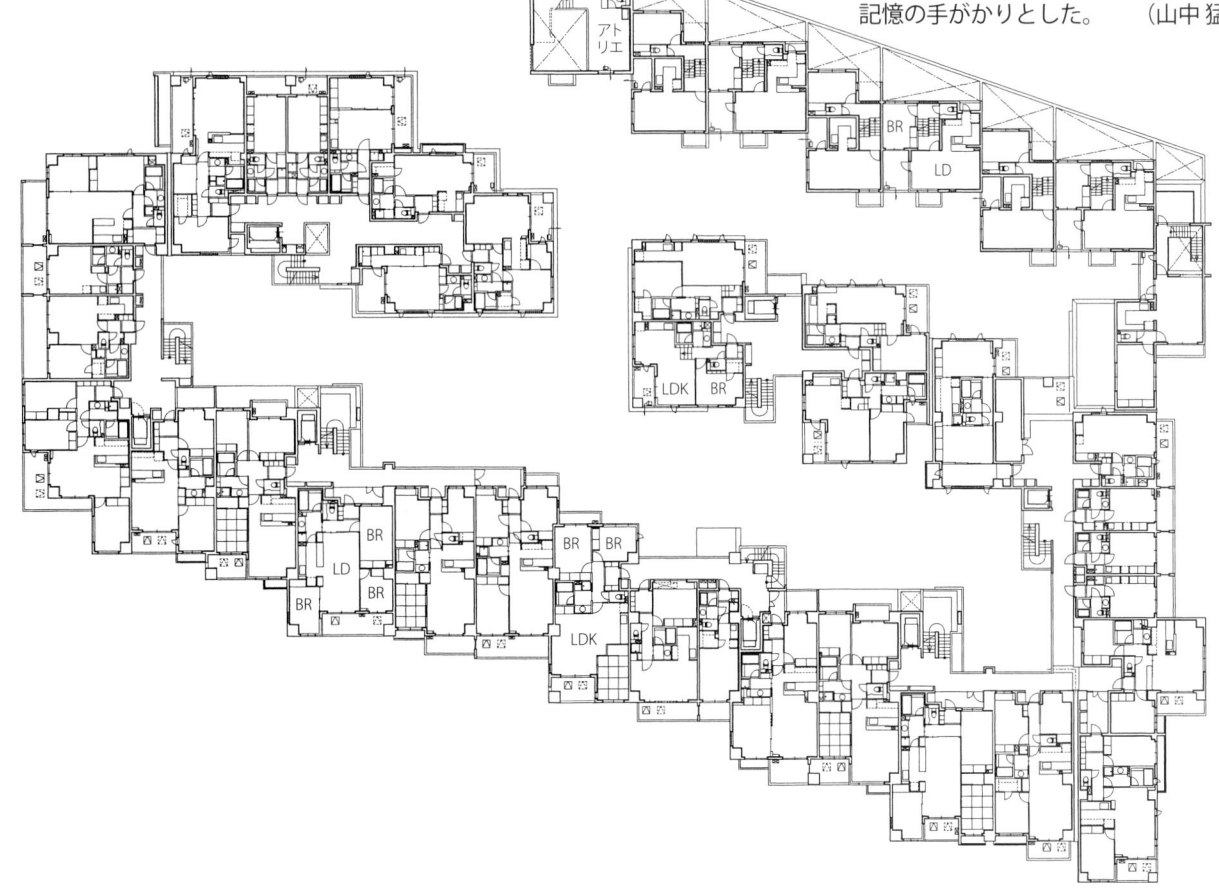

コートハウス棟　アネックス東棟　南棟

2階平面図

　これは、「同潤会江戸川アパートメント」（以下、江戸川AP、昭和9年竣工）の建替えである。江戸川APは、同潤会の集大成として都市居住の理想を追求した集合住宅であった。建替え計画はその精神と記憶を継承しながらも現代の視点で問い直した。配棟は江戸川APの囲み形式・階段室型を踏まえ、4〜5戸に1階エレベーターの中入れ型を基本とした。建替えの合意形成を図るため、ボリュームを確保し高密化せざるを得ないが、建物を雁行させ住戸間の「ズレ」により「抜け」をつくった。この雁行は「都市における多様な個の集積した風景」も意図している。江戸川APのコミュニティの核となったのは「中庭」と「社交室」であったが、今回もコミュニティの継承と新住民との交流を図るため、7階レベルを各棟の「繋ぎ空間」とし、ここを庭園としてつくり込み、また「社交室」を共用施設として現代的に再生させた。さらに「旧10階段」を再現するとともにアールデコ調の六角面格子・ステンドグラス・造作家具等の当時のパーツを、ラウンジ・陶芸工房のあるアトリエ・サブエントランス等に活用し、記憶の手がかりとした。　（山中　猛）

設計事例　63

4 設計図面

2004・愛知県名古屋市　　　　　　　　　　　　　　　　　　　　　設計／鈴木恂＋AMS／内木博喜、高柳英明

アパートメントライフ　LiF

　壁で小分けした住戸に仮住まい然として住むよりも、ひとつながりの大空間にちょっとした知恵で自分なりの生活像を築くほうがはるかに美しい。このことを賃貸住宅のひとつのかたちとして意図的に借り手に投げかけようというのが本計画の狙いである。あまりに自由な空間は借り手の想像力に頼るところが大きく、賃貸住宅事業としては極めて高いリスクを負うことになるが、新しいライフスタイルを求める時代に応えるストラテジック・ソリューションでもある。

　敷地条件とストラテジーから同時に導き出されたのは、三つの特徴的な空間である。

　[L、i、F]を基準平面に配した12戸の賃貸住戸を、厚さ34cmのコンクリート・ファセットのみで構成するプログラムである。この量感溢れるファセットは、極めて大人しやかな構造体でありながら、住人の生活像を様々なかたちで支える仕掛けになっている。面に対して恣意的な開口をとらず、構造体の成り立ちそのものを生かして光や風の導入路としている。外部環境のうつろいを反映するそれら壁面が、時には明るく、または温かく様々な生活中心を担いながら、シンプルな大空間に多彩な生活像を結ぶ。

（文責・担当編集委員）

■建築概要
敷地面積／711.20m²
建築面積／283.44m²
延床面積／1,456.26m²
建ぺい率／39.85%（60%）
容積率／174.60%（200%）
階数／地上6階
構造／鉄筋コンクリート造
総戸数／12戸（オーナー住戸1戸）

敷地配置図　1/400

■外部仕上
屋根：タケイ式進化コンクリート法防水
外壁：コンクリート化粧打放しフッ素樹脂塗装
開口部：アルミサッシュ　スチールサッシュ
外構：コンクリート化粧打放し　透水性コンクリート舗装（佐藤道路パーミアコン）

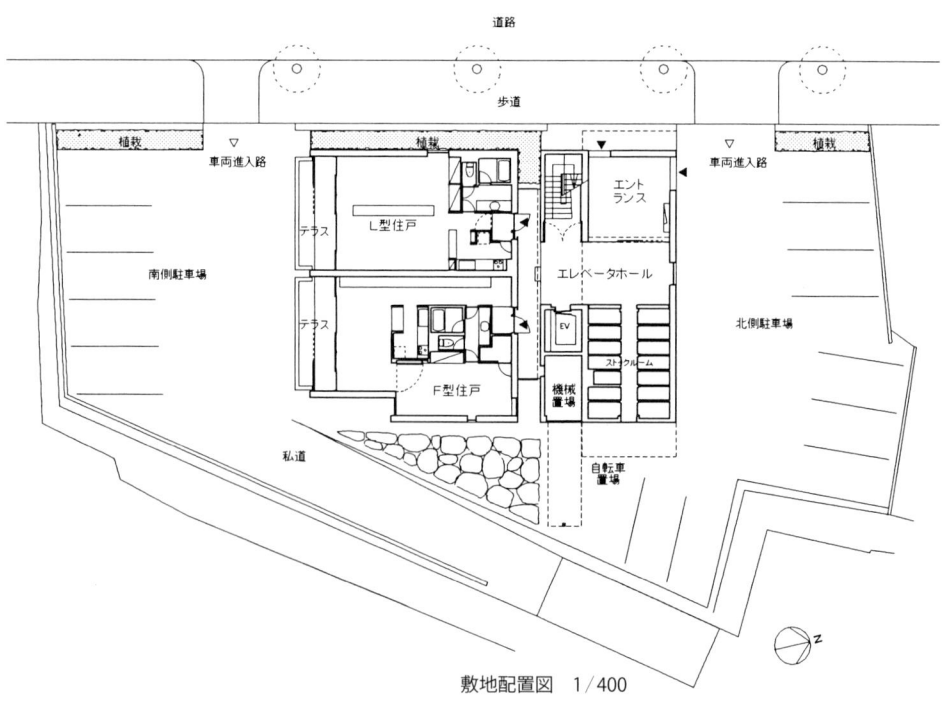

■内部仕上
居室
床：コンクリート金ゴテ下地　ビニル床タイル厚2.4mm
壁：コンクリート化粧打放し　一部木下地PB厚12.5mm＋FGB厚9mmの上EP塗装
天井：コンクリート化粧打放し

共用部
床：コンクリート金ゴテ下地　天然大理石厚21mm
壁：コンクリート化粧打放し
天井：コンクリート化粧打放し　一部FRPグレーチング板吊込

5階平面図

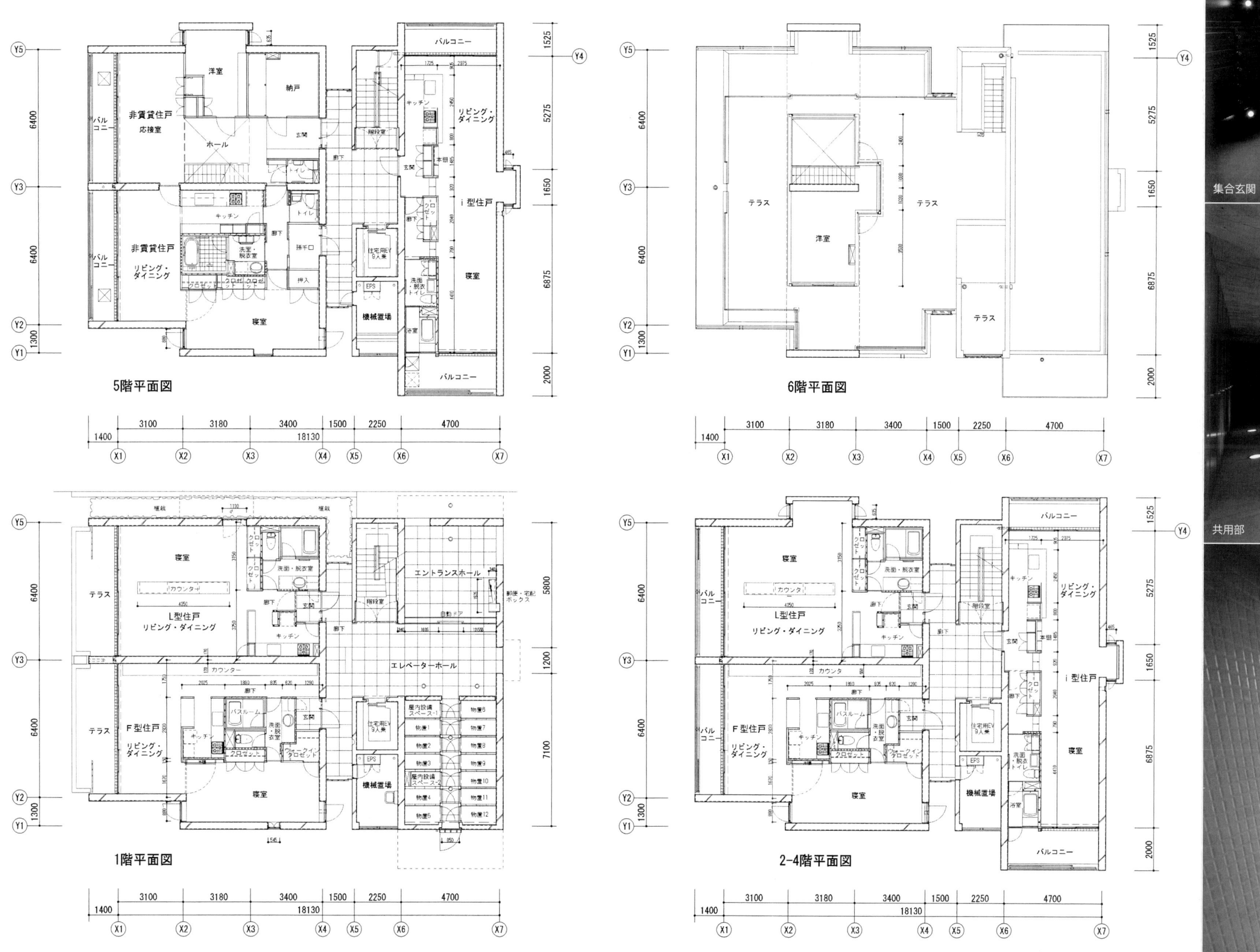

6階平面図

1階平面図

2-4階平面図

集合玄関

共用部

i型住戸東側バルコニー

proj. apartment LiF
図面名称 各階平面図　scale 1/200

西側立面図　1/200

南側立面図　1/200

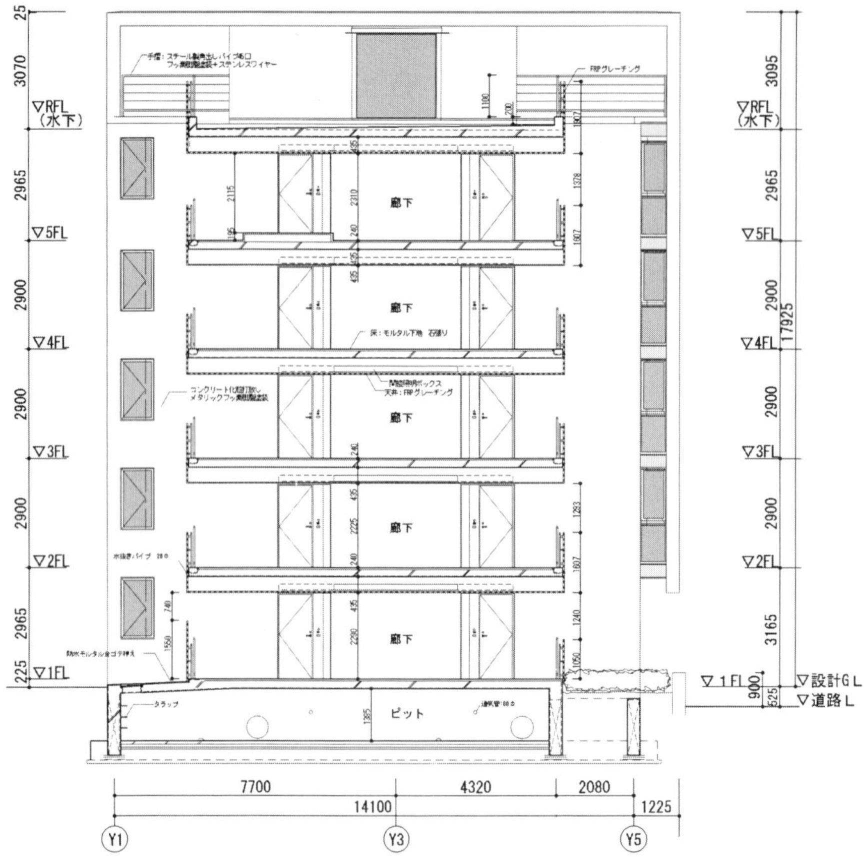

東西断面図（廊下）

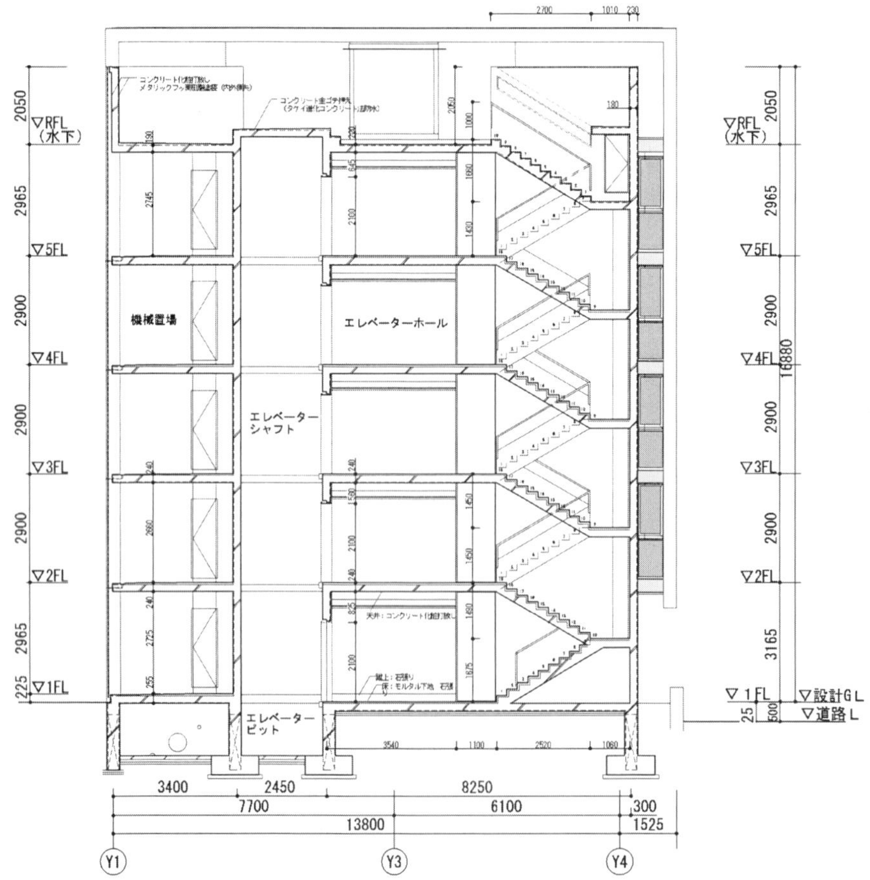

東西断面図（階段室）

apartment LiF
立面図、断面図　scale 1/200

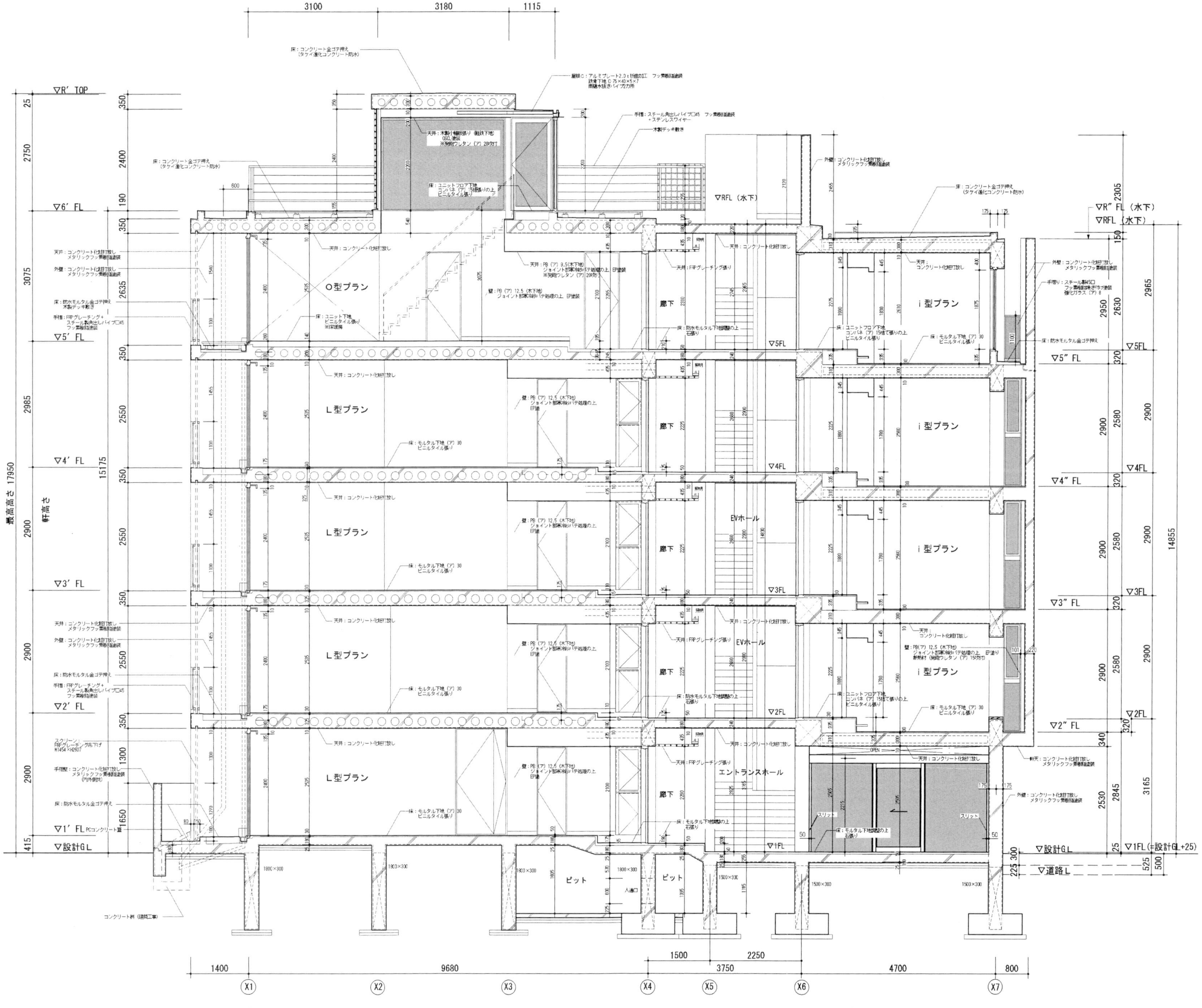

apartment LiF
断面図 scale 1/100

屋上排水納まり

外観

共用部廊下

apartment LiF

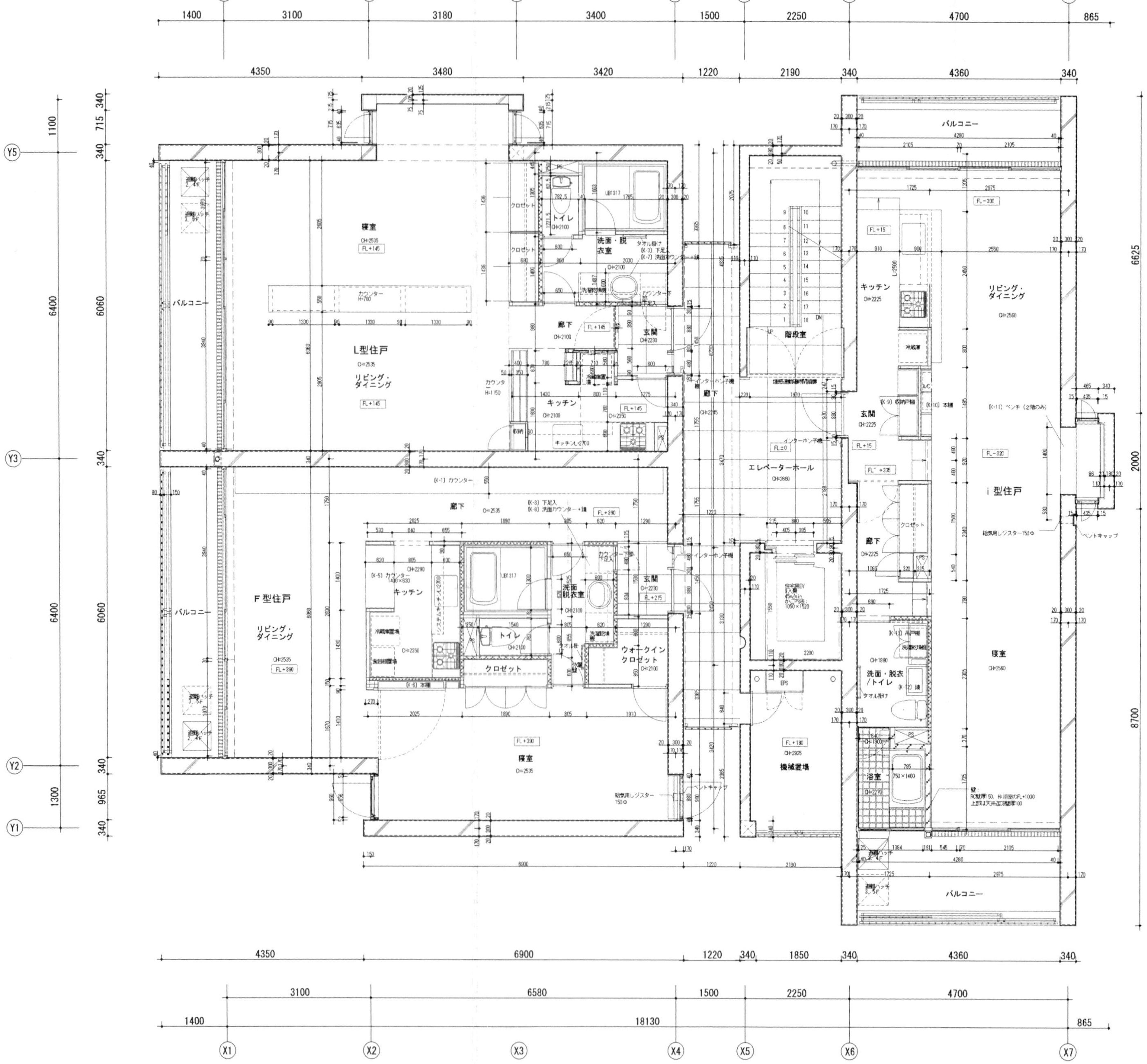

基準階(2-4階)平面図　scale 1/100

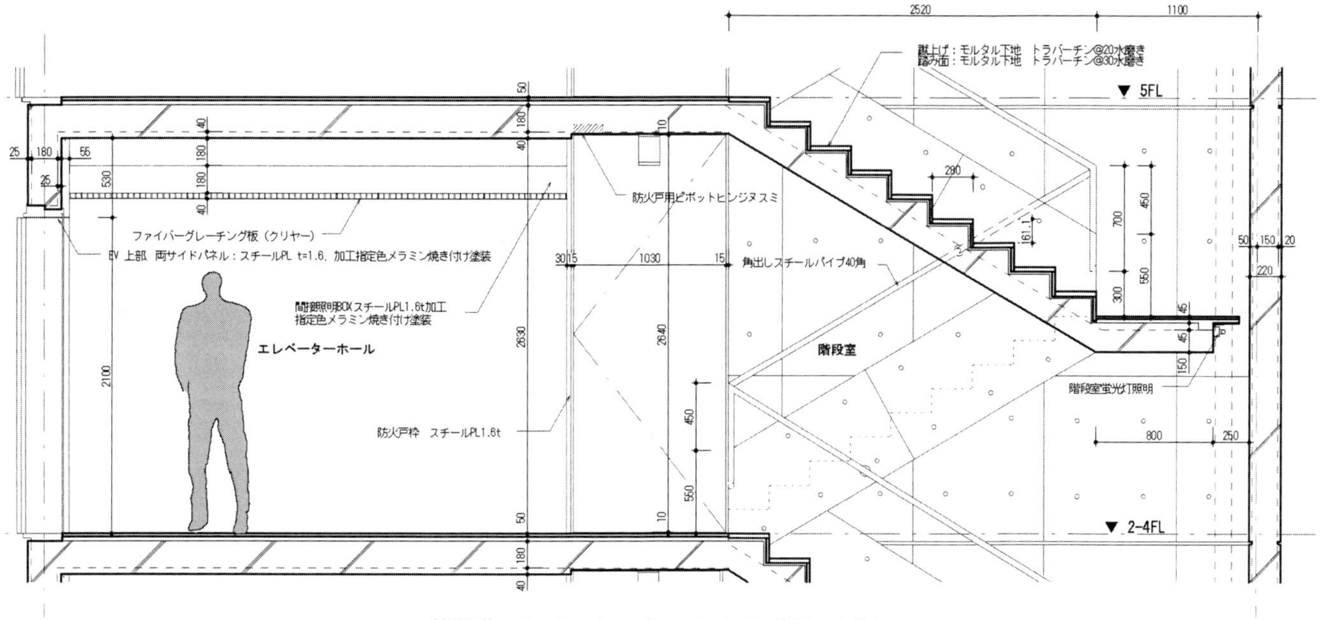

基準階エレベーターホール 断面詳細 1/50

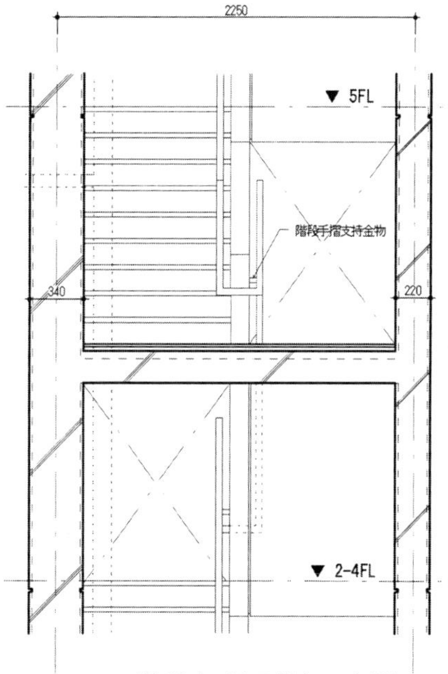

階段室 断面詳細 1/50

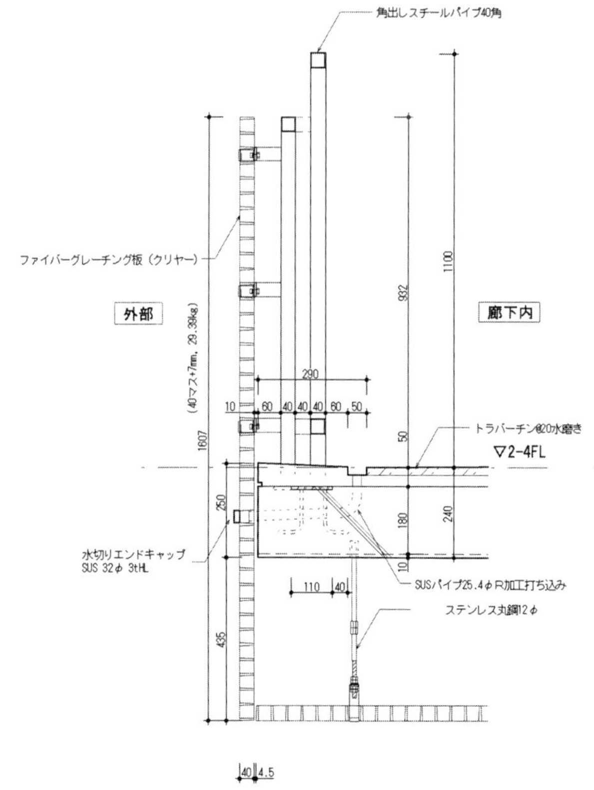

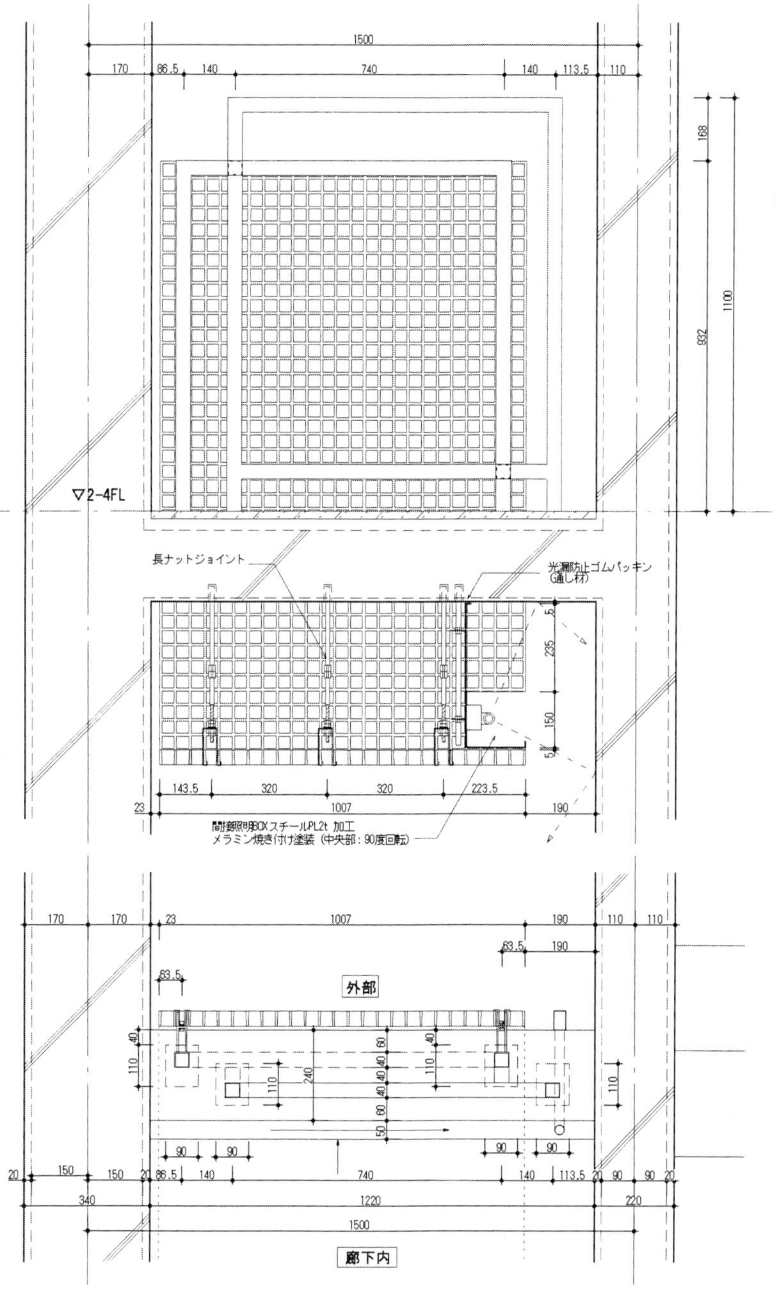

ダクトシュラウド・照明ボックス・手摺詳細図 1/20

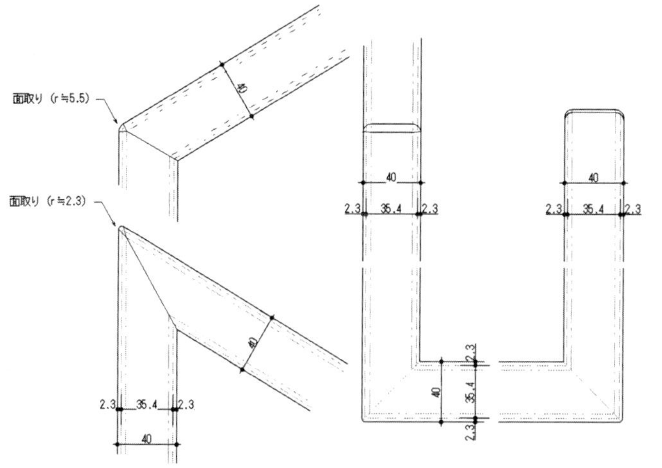

階段手摺 立面詳細 1/5

階段室手すり

外観

手すり

proj. apartment LiF
各部詳細図　scale 1/50、1/20、1/5

基準階バルコニー断面詳細 1/20

南側バルコニーまわり部分詳細 1/20

RC打放し用特注ボイド管支持金物詳細図 1/5

ファイバーグレーチング板取付金物姿図 1/5

南側バルコニー付近矩計図 1/50

proj. apartment LiF
図面名称 各部詳細図 scale 1/50、1/20、1/5

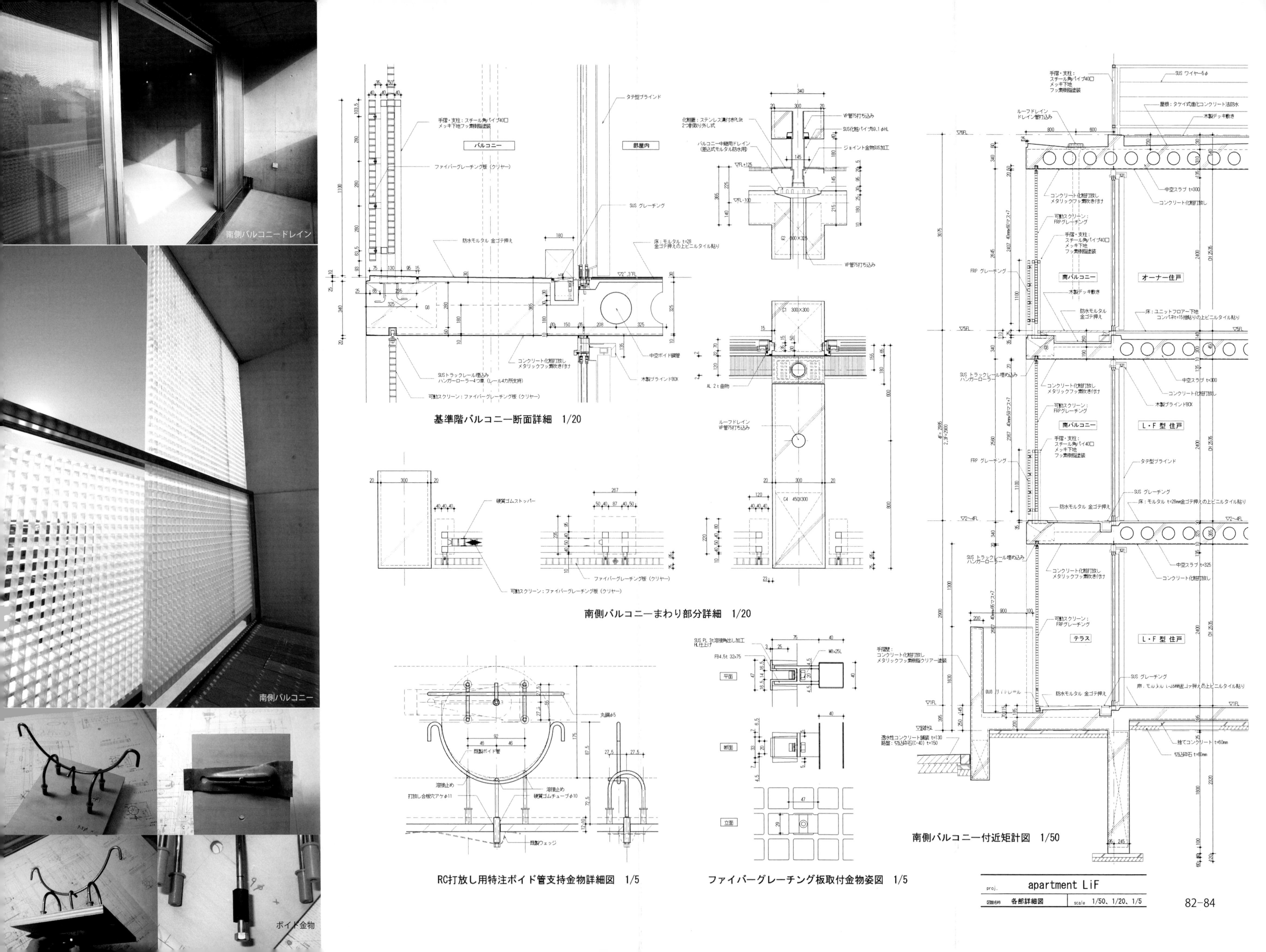

82-84

図版出典

岩村アトリエ提供：図 1.21 左
卯野木憲二提供（「室内　12 月号増刊　まるごとキッチン」工作社、2000 年より）：表 2.16、図 2.73、図 2.74
NPO 法人コレクティブハウジング社提供：図 1.16
紀谷文樹監修・鎌田元康編『給排水衛生設備学　初級編』TOTO 出版、1999 年：図 2.69
「近代建築」2004 年 3 月号、近代建築社：図 2.7、図 2.20、図 2.62
建築思潮研究所編『建築設計資料 87　低層集合住宅 2』建築資料研究社、2002 年：図 2.19
建築のテキスト編集委員会編『初めての建築一般構造』学芸出版社、1996 年より作成：図 2.61
国土交通省「これからはスケルトン住宅」パンフレット：図 1.17
国立社会保障・人口問題研究所「日本の将来推計人口（2006 年 12 月推計）」「世帯数の将来推計（2003 年 10 月推計）」より作成：図 1.8
齊藤広子・中城康彦著『コモンでつくる住まい・まち・人』彰国社、2004 年：図 2.45
住宅・都市整備公団「ユーメイク住宅　フリープラン賃貸住宅」：図 1.1 右
彰国社編『建築計画チェックリスト　集合住宅　新訂版』彰国社、1997 年：表 2.2
総務省統計局「平成 15 年住宅・土地統計調査」より作成：図 1.2
千葉県企業庁新都心推進課「幕張新都心住宅地都市デザインガイドライン」1991 年：図 1.29、図 2.58
日本建築学会編『建築設計資料集成 5　単位空間 III』丸善、1982 年：表 2.6、表 2.7
日本建築学会編『コンパクト建築設計資料集成〈住居〉　第 2 版』丸善、2002 年：図 2.6、表 2.4、図 2.28、図 2.29、図 2.32、図 2.33
晴海デザインセンター「住宅・住まいづくり NAVI　ライフステージと住まいの変化」より作成：図 1.13
不動産経済研究所「首都圏マンション　平均価格と平均面積の推移」「超高層マンション竣工・計画戸数（首都圏）」より作成：図 1.3、図 1.10
山本理提供（日本建築学会住宅小委員会編『事例で読む現代集合住宅のデザイン』彰国社、2004 年より）：図 1.7

参考文献

井出建・元倉真琴編著『建築デザインワークブック 2　ハウジング・コンプレックス―集住の多様な展開』彰国社、2001 年
日本建築学会編『コンパクト建築設計資料集成　第 3 版』丸善、2005 年
渡辺真理＋木下庸子著『集合住宅をユニットから考える』新建築社、2006 年

写真撮影者・提供者

新良太：図 2.50 左
石黒守：p50
伊志嶺敏子：図 1.23
泉幸甫：図 2.46 左
大橋富夫：図 2.25
木田勝久（『コンフォルト 48 号』建築資料研究社）：p54
北嶋俊治：p60
クドウフォト：p58
彰国社写真部：図 1.1 左、p48、p52
彰国社写真部（畑　拓）：図 2.24 右
新建築写真部：図 2.9 上、図 2.40 左、図 2.43 右、p66
鈴木雅之：コラム C2、C3、図 1.9、図 1.11、図 1.18、図 1.19、図 1.21 右、図 1.22、図 1.25、図 1.26、図 1.27、図 1.28、p20、p21、図 2.36 上、図 2.47 左、図 2.51、図 2.55
高柳英明：図 2.34 下、図 2.37、図 2.52、図 2.53、図 2.54、図 2.56、図 2.59、図 2.63、図 2.65、図 2.70、図 2.71、p69、p70、p75、p76、p81、p82
恒松良純：図 2.11
西沢立衛建築設計事務所提供：図 2.35 下
藤塚光政：図 2.10 上
横河設計工房提供：図 2.17 下

著者略歴

鈴木雅之（すずき　まさゆき）
1967年　栃木県生まれ
1991年　千葉大学大学院工学研究科修士課程修了
　　　　建築計画コンサルタント事務所を経て
2001年　千葉大学工学部助手
現在　　千葉大学大学院国際学術研究院国際教養学部教授
　　　　博士（工学）

主な著書：『事例で読む　建築計画』『建築のサプリメント』『現代集合住宅のリ・デザイン　事例で読む〔ひと・時間・空間〕の計画』『事例で読む　現代集合住宅のデザイン』（以上共著、彰国社）ほか

高柳英明（たかやなぎ　ひであき）
1972年　愛知県生まれ
2003年　早稲田大学大学院理工学研究科博士後期課程修了
　　　　千葉大学工学部助手、滋賀県立大学環境科学部准教授を経て
現在　　東京都市大学都市生活学部教授
　　　　（株）高柳英明建築研究所主宰
　　　　博士（工学）

主な著書：『事例で読む　建築計画』『行動をデザインする』『デザイナーのための住宅設備設計術』（以上共著、彰国社）、『スマートライフ』（共著、パレード）、『店舗の企画・設計とデザイン』（編著、オーム社）ほか
主な作品：滋賀県立大学工学部新棟（基本設計）、集合住宅LiF、集合住宅Tashiro71、LIFE IN SPIRALほか

建築設計テキスト　集合住宅

2008年6月20日　第1版　発　行
2023年12月10日　第1版　第6刷

編　者　建築設計テキスト編集委員会
著　者　鈴木雅之・高柳英明
発行者　下　出　雅　徳
発行所　株式会社　彰　国　社

162-0067　東京都新宿区富久町8-21
電話　03-3359-3231（大代表）
振替口座　00160-2-173401

著作権者との協定により検印省略

自然科学書協会会員
工学書協会会員

Printed in Japan

© 建築設計テキスト編集委員会（代表）2008年

印刷：真興社　製本：ブロケード

ISBN978-4-395-21132-6　C3352　　https://www.shokokusha.co.jp

本書の内容の一部あるいは全部を、無断で複写（コピー）、複製、および磁気または光記録媒体等への入力を禁止します。許諾については小社あてご照会ください。